ESTRATEGIAS PARA NO PERDER

ANÁLISIS TÉCNICO, OPERATIVA Y GESTIÓN DE RIESGO PARA UN TRADING RENTABLE

OLIVER S. ASTORKIZA

PRÓLOGO

EN ESTE LIBRO, mi objetivo es proporcionarte un manual práctico y claro, diseñado para aquellos que están comenzando su camino en el mundo del trading. A pesar de la abundancia de libros sobre este tema, lo que ofrezco aquí es lo que ha demostrado ser efectivo a lo largo de mi carrera como trader de divisas, evitando los errores comunes que suelen desanimar a muchos en sus primeros intentos, y que, en demasiados casos, les alejan de una profesión potencialmente gratificante.

Seré directo y conciso en cuanto a lo que encontrarás en estas páginas. Mi enfoque es transmitirte los principios y estrategias que han funcionado en mi experiencia real de mercado. No pretendo descalificar otras metodologías de trading, ya que siempre estoy abierto a aprender y perfeccionar mi técnica. Sin embargo, con el tiempo he comprobado que, en el trading, menos es más.

La metodología que te presento se basa principalmente en el análisis del movimiento del precio y las pautas clave que se forman en él. Mi intención es enseñarte a identificar los niveles de precios más relevantes, ya que es en estos puntos donde ocurren los movimientos más significativos y, por lo tanto, las mejores oportunidades. Aprenderás a operar en la dirección de la menor resistencia, una estrategia que, a lo largo del tiempo, otorga una ventaja estadística clave.

Cuando domines la identificación de estos niveles mediante las técnicas que se describen en el libro, estarás en condiciones de desarrollar tu propio sistema de trading. No solo aprenderás a reconocer las mejores oportunidades, sino que también nos enfocaremos en la correcta ejecución de las operaciones dentro del mercado. Sabrás cómo gestionar tus posiciones para evitar uno de los errores más comunes: dejar ganancias potenciales sin aprovechar, lo que en nuestro campo se conoce como "dejar dinero sobre la mesa".

Otro pilar de este libro será la gestión del riesgo y del capital, aspectos fundamentales para sobrevivir en este entorno tan competitivo. Una adecuada gestión del capital protegerá tu cuenta de posibles errores en el análisis o en la ejecución de las operaciones, mientras que una gestión correcta del riesgo te permitirá mantener el control en todo momento, evitando sorpresas indeseadas. Si bien la suerte puede tener su influencia en este negocio, aquí aprenderás a maximizar tus probabilidades a favor, minimizando los efectos negativos de la "mala suerte". Para profundizar en este concepto, recomiendo la lectura de "Antifrágil" de Nassim Nicholas Taleb, donde explora a fondo la importancia de la opcionalidad en la gestión del riesgo.

Este es un viaje hacia la excelencia en el trading de divisas, y con las herramientas y estrategias que encontrarás en este libro, estarás mejor preparado para enfrentarlo con confianza y precisión.

PARTE 1. ANÁLISIS TÉCNICO

"Los gráficos no mienten. Los gráficos son una representación de toda la información conocida sobre un mercado." - John Murphy

CAPÍTULO 1
FUNDAMENTOS DEL ANÁLISIS TÉCNICO

EL **ANÁLISIS técnico** es uno de los tres pilares fundamentales del trading y constituye una herramienta indispensable para cualquier trader que aspire a operar con éxito en los mercados financieros. Se trata de una metodología que se basa en el estudio de los movimientos de precios pasados con el objetivo de identificar patrones y tendencias que nos permitan anticipar futuros movimientos. A lo largo de este libro, desglosaremos los conceptos clave del análisis técnico, que van desde la identificación de tendencias hasta el uso de patrones gráficos y los indicadores técnicos más importantes.

¿Por qué el análisis técnico? La respuesta radica en su simplicidad y universalidad. Mientras que otros enfoques, como el análisis fundamental, requieren un conocimiento profundo de los factores económicos subyacentes, el análisis técnico se centra únicamente en el precio. Los gráficos nos proporcionan toda la información necesaria para tomar decisiones informadas y, más importante aún, nos permiten reaccionar ante los movimientos del mercado de forma objetiva y basada en datos.

Uno de los principios fundamentales del análisis técnico es que el **precio lo descuenta todo**. Es decir, cualquier factor que pueda influir en el mercado —ya sea económico, político o emocional— ya está reflejado en el precio. Esto nos permite prescindir de complicadas interpretaciones de eventos externos y centrarnos en lo que realmente importa: el comportamiento del precio en los gráficos.

El objetivo de este capítulo es proporcionarte una introducción clara y completa a los fundamentos del análisis técnico. A través de una comprensión sólida de estos principios, te equiparás con las habilidades necesarias para interpretar correctamente los gráficos, identificar oportunidades de trading y desarrollar una estrategia de mercado robusta.

1.1. El Precio como Indicador Principal

En el análisis técnico, el **precio** es el protagonista. Todo lo que necesitamos saber sobre la acción del mercado está reflejado en los movimientos de precio. Cada subida y bajada en los gráficos nos cuenta una historia sobre la oferta y la demanda, sobre el optimismo y el miedo de los traders. Aprender a leer estos gráficos con precisión es, por lo tanto, la clave para el éxito.

Aquí no estamos tratando de adivinar el futuro con exactitud. El propósito del análisis técnico no es prever movimientos exactos de los precios, sino identificar patrones que sugieren **probabilidades**. Utilizamos la información histórica para proyectar movimientos futuros con una ventaja estadística a nuestro favor. En lugar de apostar ciegamente en el mercado, nuestro objetivo es aprovechar esas oportunidades que ofrecen mayor probabilidad de éxito.

1.2. El Principio de las Tendencias

Uno de los principios clave en el análisis técnico es la noción de que los precios tienden a moverse en tendencias. El mercado no se comporta de forma aleatoria; en cambio, suele seguir patrones repetitivos que reflejan el comportamiento colectivo de los traders.

Existen tres tipos principales de **tendencias**: al alza, a la baja y lateral. Las **tendencias alcistas** están marcadas por una serie de máximos y mínimos crecientes, lo que indica que el mercado está dominado por los compradores. Las **tendencias bajistas**, en cambio, se caracterizan por máximos y mínimos decrecientes, reflejando una presión de venta dominante. Por último, las **tendencias laterales** muestran un rango en el que el precio oscila sin una dirección clara.

Identificar correctamente estas tendencias es esencial, ya que la mayoría de los movimientos exitosos en el trading provienen de operar a favor de la tendencia predominante. Como dice el viejo adagio: "la tendencia es tu amiga".

1.3. Soporte y Resistencia: Los Puntos de Inflexión

Dentro del análisis técnico, los conceptos de **soporte** y **resistencia** son esenciales para comprender cómo se comporta el mercado en momentos clave. Los niveles de soporte son zonas en las que el precio ha demostrado una tendencia a detenerse o revertirse cuando cae. Representan áreas donde la demanda es lo suficientemente fuerte como para evitar que el precio siga cayendo. Por otro lado, los niveles de resistencia son puntos donde el precio suele encontrar obstáculos en su ascenso, debido a que la oferta aumenta.

Estos niveles actúan como barreras psicológicas en el mercado, donde los traders están dispuestos a actuar, ya sea para comprar o vender. Detectar estos puntos de soporte y resistencia en los gráficos te permitirá planificar tus entradas y salidas del mercado con mayor precisión.

1.4. Psicología del Mercado: Emoción Reflejada en los Gráficos

El análisis técnico no se limita a ser una herramienta matemática; también es una ventana a la **psicología del mercado**. Los movimientos de precios reflejan las emociones humanas: miedo, codicia, euforia, incertidumbre. Cada subida repentina o caída abrupta es el resultado de la suma de decisiones individuales de miles de traders, cada uno actuando según sus propias emociones y expectativas.

El análisis técnico nos permite ver cómo esas emociones se traducen en patrones de comportamiento. Por ejemplo, una vela japonesa con una larga sombra inferior puede indicar que, aunque los vendedores intentaron bajar el precio, los compradores intervinieron con fuerza, lo que podría sugerir una futura reversión.

1.5. El Poder de la Simplicidad

Uno de los errores más comunes entre los traders novatos es sobrecargar sus gráficos con una multitud de indicadores y herramientas, creyendo que más es siempre mejor. Sin embargo, uno de los principios clave que he aprendido a lo largo de los años es que, en el análisis técnico, **menos es más**. A menudo, los traders más exitosos son aquellos que simplifican sus gráficos y se enfocan en un conjunto limitado de herramientas que entienden completamente.

En este capítulo, nos enfocaremos en los principios esenciales del análisis técnico. Te mostraré cómo utilizar herramientas simples pero poderosas para identificar tendencias, niveles de soporte y resistencia, y señales de entrada y salida con alta probabilidad de éxito. A medida que avancemos, aprenderás a confiar en estos fundamentos y a desarrollar un estilo de trading eficiente basado en el análisis técnico.

CAPÍTULO 2

TIPOS DE GRÁFICOS Y CÓMO INTERPRETARLOS

EL GRÁFICO ES una herramienta fundamental en el análisis técnico, ya que nos ofrece una representación visual del comportamiento del precio en un periodo determinado. Existen varios tipos de gráficos, cada uno con sus propias características y beneficios. En este capítulo, exploraremos los tipos más comunes de gráficos utilizados en el análisis técnico y cómo interpretar la información que nos proporcionan para tomar decisiones de trading más informadas.

2.1. Gráfico de Líneas

El gráfico de líneas es el más básico de todos y se utiliza principalmente para obtener una visión rápida y general de la acción del precio a lo largo del tiempo. Este tipo de gráfico conecta los precios de cierre de cada periodo con una línea continua, lo que proporciona una representación simple y clara de la tendencia general del mercado.

A pesar de su simplicidad, los gráficos de líneas tienen un valor significativo en el análisis técnico. Dado que muchos traders consideran el precio de cierre como el dato más importante de una sesión, este tipo de gráfico permite identificar rápidamente las tendencias principales sin distracciones. Sin embargo, su principal desventaja es que no muestra información sobre los precios máximos, mínimos o de apertura, lo que puede limitar su utilidad para análisis más detallados.

Ventajas del gráfico de líneas:
- Fácil de interpretar.
- Útil para detectar tendencias a largo plazo.
- Claridad visual al eliminar el ruido del mercado.

Desventajas:
- No muestra información detallada (apertura, máximo, mínimo).
- Limitado para análisis a corto plazo o más precisos.

2.2. Gráfico de Barras

El gráfico de barras es una versión más avanzada que proporciona una mayor cantidad de información sobre el movimiento del precio dentro de un periodo determinado. Cada barra representa los precios de apertura, máximo, mínimo y cierre para el periodo seleccionado.

Esto lo convierte en una herramienta valiosa para analizar con mayor precisión el comportamiento del mercado.

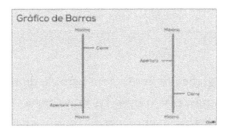

La parte superior de la barra vertical indica el precio más alto alcanzado durante el periodo, mientras que la parte inferior muestra el precio más bajo. Además, hay una pequeña marca horizontal en el lado izquierdo de la barra que representa el precio de apertura, y una marca en el lado derecho que indica el precio de cierre. Esto da a los traders una imagen más completa de la acción del precio dentro de cada periodo.

Ventajas del gráfico de barras:
- Proporciona más información que un gráfico de líneas.
- Útil para detectar volatilidad y fluctuaciones dentro de un periodo.
- Mejora la capacidad de análisis en periodos más cortos.

Desventajas:
- Menos intuitivo que el gráfico de líneas para traders principiantes.
- Puede resultar confuso cuando se visualizan grandes cantidades de datos.

2.3. Gráfico de Velas Japonesas

El **gráfico de velas japonesas**, también conocido como candlestick chart, es quizás el tipo más popular de gráfico entre los traders modernos. Desarrollado en Japón hace siglos, este tipo de gráfico proporciona una rica cantidad de información sobre el movimiento del precio y, al mismo tiempo, es visualmente intuitivo y fácil de interpretar.

Cada "vela" en el gráfico representa un periodo de tiempo, que puede ser de minutos, horas, días o más. La vela consta de un cuerpo, que muestra la diferencia entre el precio de apertura y el de cierre, y unas sombras (o mechas) que indican los precios máximos y mínimos alcanzados durante ese periodo.

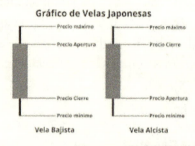

Gráfico de Velas Japonesas

Si el precio de cierre es superior al de apertura, el cuerpo de la vela suele ser de color verde o blanco (lo que indica una sesión alcista). Si el precio de cierre es inferior al de apertura, el cuerpo de la vela suele ser de color rojo o negro (lo que indica una sesión bajista).

El gráfico de velas japonesas es una herramienta versátil que permite una gran cantidad de análisis visual, desde la identificación de patrones hasta la lectura de la fuerza y el impulso del mercado.

Ventajas del gráfico de velas japonesas:
   • Visualmente atractivo e intuitivo.
   • Muestra claramente la relación entre la apertura y el cierre del precio.

• Facilita la identificación de patrones de reversión o continuación.

Desventajas:

• Requiere cierta experiencia para interpretar correctamente los patrones más complejos.

• Puede resultar abrumador para los principiantes si se usan demasiados indicadores simultáneamente.

2.4. Gráfico de Punto y Figura

El gráfico de **punto y figura** es un tipo menos convencional pero útil para traders que prefieren un enfoque basado en el precio más que en el tiempo. Este gráfico no tiene un eje temporal definido, lo que significa que solo se actualiza cuando el precio cambia en una cantidad significativa, lo que elimina el "ruido" de los movimientos de precios menores.

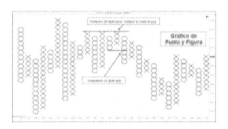

El gráfico de punto y figura se construye utilizando columnas de "X" y "O". Las "X" indican que el precio está subiendo, mientras que las "O" muestran que el precio está bajando. Este enfoque permite identificar claramente tendencias y patrones de ruptura, sin la interferencia de movimientos menores o irrelevantes.

Ventajas del gráfico de punto y figura:

• Elimina el ruido del mercado al centrarse únicamente en movimientos significativos de precios.

- Útil para identificar soportes y resistencias clave.
- Fácil identificación de patrones de ruptura.

Desventajas:

- No muestra el tiempo en el que ocurre cada movimiento.
- Menos común y, por tanto, menos familiar para muchos traders.

2.5. Cómo Seleccionar el Tipo de Gráfico Adecuado

La elección del tipo de gráfico que utilices dependerá de tu estilo de trading y de la información que busques obtener. Si estás interesado en observar tendencias a largo plazo y obtener una visión general del mercado, un gráfico de líneas puede ser más adecuado. Sin embargo, si necesitas detalles más específicos sobre la volatilidad y el comportamiento intradía, un gráfico de velas japonesas o de barras podría ser más útil.

Es importante recordar que no existe un "mejor" tipo de gráfico; cada uno tiene sus ventajas y desventajas dependiendo del contexto. A medida que avances en tu experiencia como trader, aprenderás a adaptar el uso de diferentes gráficos según las necesidades específicas de cada análisis y las condiciones del mercado.

2.6. Conclusión: Dominando la Interpretación de Gráficos

El análisis técnico comienza con una comprensión sólida de los gráficos y su interpretación. Cada tipo de gráfico nos ofrece una perspectiva única sobre el comportamiento del precio, y dominar su lectura es fundamental para cualquier trader que desee tomar decisiones informadas y efectivas en el mercado.

A lo largo de este capítulo, hemos revisado los gráficos más comunes utilizados en el análisis técnico, explorando cómo funcionan y qué información proporcionan. A medida que avancemos en el libro, aprenderás a aplicar estos gráficos en conjunto con herramientas más avanzadas, lo que te permitirá optimizar tu estrategia de trading y maximizar tus oportunidades de éxito en el mercado.

CAPÍTULO 3

ESTRUCTURAS

1. Introducción

En esta sección exploraremos uno de los conceptos más funda-mentales en el análisis técnico: las estructuras del precio. El entendi-miento de estas estructuras es esencial, ya que todas mis estrategias de trading se basan en ellas. Dominar las estructuras te permitirá comprender los movimientos del mercado de una manera más profunda y te ayudará a anticipar posibles cambios de tendencia con mayor confianza.

A lo largo de mi carrera, me he dado cuenta de que, sorprenden-temente, pocos cursos de trading abordan el tema de las estructuras de precio en profundidad, a pesar de ser cruciales para entender lo que realmente está haciendo el precio. En este capítulo, te invito a ver las estructuras como el "esqueleto" sobre el cual el precio se mueve para formar tendencias.

El precio no se mueve en línea recta, sino que lo hace en zigzag, lo que algunos describen como un "paseo aleatorio". Sin embargo, con el conocimiento y el dominio de las estructuras, este movimiento aparentemente caótico cobra sentido. Veremos cómo, al identificar correctamente las estructuras, podremos detectar patrones repetitivos y actuar con ventaja en el mercado.

2. Partes de la Estructura

Las estructuras del precio se componen de dos elementos principales: impulsos y retrocesos.

• **Impulsos**: Movimientos en la dirección de la tendencia dominante. Estos son más largos y suelen ofrecer oportunidades de mayor beneficio.

• **Retrocesos**: Movimientos en contra de la tendencia principal. Son más cortos y representan momentos de corrección o pausa en la tendencia.

El análisis de las estructuras te proporcionará información clave para identificar en qué fase de la tendencia se encuentra el mercado. Esto será fundamental para tu operativa, ya que te ayudará a identificar cuándo una tendencia está agotándose y prepararte para un posible cambio.

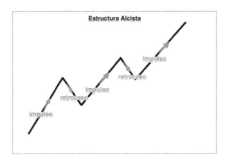

En una tendencia alcista, los impulsos superarán los máximos anteriores, y los retrocesos serán más cortos. En una tendencia bajista, los impulsos romperán los mínimos anteriores, mientras que los retrocesos serán más débiles y breves.

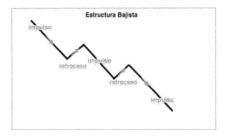

Por qué enfocarnos en los impulsos:

1 Mayor recorrido: Los impulsos ofrecen un mayor potencial de beneficios, ya que su recorrido suele ser más largo que el de los retrocesos.

2 Claridad en los movimientos: Son generalmente más predecibles, lo que facilita la identificación de oportunidades de entrada.

3 Sentimiento del mercado: Los impulsos reflejan la dirección que la mayoría de los participantes del mercado están siguiendo.

3. ¿Qué sucede cuando la estructura comienza a fallar?

Cuando un nuevo impulso no supera al anterior, es una señal de advertencia de que la tendencia puede estar agotándose. Este es el momento en el que debemos prestar especial atención, ya que la estructura está comenzando a fallar.

Este cambio en la estructura es una oportunidad. La mayoría de nuestras operaciones se llevarán a cabo cuando detectemos que la estructura ha fallado y la tendencia está cambiando de dirección. Saber cuándo y dónde ocurren estos fallos en la estructura es clave para incorporarnos a una nueva tendencia prácticamente desde su inicio.

Identificación de los niveles clave:

• En una tendencia alcista, el nivel clave es el último **bajo más alto**.

• En una tendencia bajista, el nivel clave es el último **alto más bajo**.

Si logras identificar con claridad estos niveles, podrás evitar los engaños del mercado y minimizar el riesgo de falsas señales. El precio podría cruzar temporalmente estos puntos clave y luego continuar con su tendencia, pero estadísticamente, cuando el precio rompe un nivel importante, es más probable que la tendencia se invierta.

4. Ejemplos y Conclusión

A lo largo de nuestra carrera como traders, veremos muchas variaciones de fallos estructurales. Sin embargo, en todos los casos, habrá una ruptura del nivel clave que nos indicará el cambio de tendencia.

Es importante destacar que aunque las líneas de tendencia son útiles, no debemos basar nuestras decisiones únicamente en ellas. A menudo se cree que cuando una línea de tendencia es atravesada, la tendencia ha terminado, pero este enfoque es erróneo. Al comprender cómo funcionan realmente las estructuras del precio, podremos incorporar otros indicadores sin confundirnos.

Este capítulo ha sido una introducción a las estructuras del precio, un tema esencial que revisaremos con más profundidad cuando combinemos su análisis con otros elementos clave del mercado.

CAPÍTULO 4

FRACTALIDAD

LA FRACTALIDAD en el Precio y su Aplicación en el Trading

1. Introducción

En 1975, el matemático Benoît Mandelbrot introdujo el concepto de "fractal", un término derivado del latín *fractus*, que significa "quebrado" o "fragmentado". Los fractales son figuras geométricas que se caracterizan por su repetición infinita a diferentes escalas. Esto significa que, al observar un fractal, sus componentes se repiten de manera idéntica sin importar si se amplía o reduce la escala. Esta estructura autosimilar es lo que hace que los fractales sean tan interesantes, tanto en matemáticas como en otras disciplinas, incluyendo el trading.

Un fractal es una figura compleja que, a pesar de su irregularidad, presenta patrones que se replican a diferentes niveles. En el ámbito del trading, la fractalidad es clave para entender el comportamiento del precio, ya que las mismas estructuras que se observan en gráficos de largo plazo también aparecen en temporalidades más pequeñas. Esto nos permite aplicar los mismos principios en cualquier marco temporal, lo que resulta extremadamente útil para operar con diferentes estrategias.

A lo largo de este capítulo, trasladaremos este concepto al análisis técnico. Veremos cómo las estructuras de precio, formadas por impulsos y retrocesos, se manifiestan en todas las escalas temporales del mercado, desde gráficos semanales hasta intervalos de minutos. Esta propiedad fractal del mercado nos proporciona una herramienta poderosa para identificar tendencias, retrocesos y puntos de inflexión con mayor precisión.

2. ¿Cómo Utilizar la Fractalidad en Nuestro Análisis?

El concepto de fractalidad es crucial para nuestra operativa, ya que nos permite analizar múltiples marcos temporales de manera simultánea, siempre teniendo en cuenta la tendencia dominante. Esto es fundamental para determinar en qué fase de una estructura nos encontramos y así identificar posibles oportunidades de trading.

Presencia en Diferentes Escalas Temporales

Cada estructura de precio en un gráfico de temporalidad mayor, como el semanal, está compuesta por estructuras idénticas en temporalidades menores, como el gráfico de 4 horas o el de 15 minutos. Este comportamiento se repite infinitamente en cualquier escala temporal que observemos. Por ejemplo, un impulso en un gráfico semanal estará compuesto por múltiples impulsos y retrocesos en gráficos de 4 horas. Si hacemos un "zoom" a una escala menor, como la de 15 minutos, descubriremos nuevas estructuras que mantienen el mismo patrón básico.

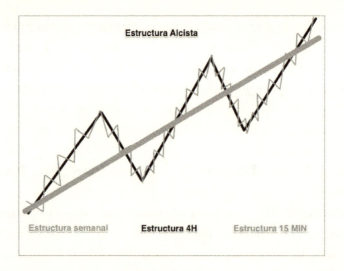

Ejemplo de Fractalidad:

Si comenzamos observando un gráfico semanal y vemos que el precio está en un impulso alcista, podríamos cambiar a un gráfico de 4 horas. Dentro de ese impulso semanal, veremos que hay otra estructura formada por impulsos y retrocesos en la misma dirección. Si seguimos bajando a un gráfico de 15 minutos, notaremos que las mismas formaciones aparecen, con impulsos y retrocesos en la dirección de la tendencia dominante.

Este concepto es clave para desarrollar una estrategia de trading sólida, ya que al comprender en qué fase de la estructura fractal estamos, podemos tomar decisiones más acertadas. La fractalidad también nos permite ajustar nuestro enfoque según el marco temporal en el que operemos, sin perder de vista el panorama general del mercado.

3. Ejercicio Práctico para Identificar la Fractalidad

Veamos cómo podríamos aplicar este conocimiento en un ejemplo práctico. Supongamos que estamos operando con un gráfico de temporalidad semanal y observamos que la tendencia es alcista.

1 Identificación de la Tendencia General:

○ Verificamos si la estructura muestra mínimos y máximos cada vez más altos.

○ Determinamos si nos encontramos en un impulso o en un retroceso. Si la tendencia es alcista y estamos en un impulso, lo más probable es que busquemos oportunidades de compra.

2 Descenso a Temporalidades Menores:

○ Cambiamos a un gráfico de 4 horas. Dentro de este impulso semanal, veremos que hay una estructura más pequeña compuesta por impulsos y retrocesos.

○ Si el gráfico de 4 horas muestra que estamos en un retroceso, esperaremos a que el retroceso termine antes de entrar en una operación de compra. Buscaremos zonas de soporte clave, trazaremos retrocesos de Fibonacci y aguardaremos una señal clara de compra.

3 Mayor Precisión en Temporalidades Menores:

○ Si hacemos un "zoom" en un gráfico de 15 minutos, encontraremos nuevamente una estructura de impulsos y retrocesos dentro del retroceso que observamos en 4 horas. Al identificar estos patrones, podemos ejecutar nuestra estrategia con mayor precisión, entrando al mercado en el momento adecuado.

4. Ventajas del Uso de la Fractalidad

El conocimiento de la fractalidad tiene muchas ventajas para los traders. Al tener una comprensión clara de este concepto, podemos identificar las operaciones más prometedoras y minimizar el riesgo. Aquí algunos beneficios:

• **Claridad en la dirección del mercado**: Nos ayuda a discernir con mayor precisión en qué fase de la estructura nos encontramos en cada marco temporal.

• **Optimización de la entrada y salida**: La fractalidad nos permite mejorar la sincronización de nuestras operaciones, tomando decisiones de entrada y salida más informadas.

• **Filtrado de oportunidades**: Al analizar las estructuras en diferentes marcos temporales, podemos seleccionar las operaciones con mayor probabilidad de éxito y evitar aquellas con señales confusas.

• **Estrategias multidimensionales**: Este concepto nos

permite operar en múltiples temporalidades, adaptando nuestra estrategia a corto, medio y largo plazo de forma coherente.

5. Conclusión

La fractalidad del mercado es un principio poderoso que, una vez entendido y aplicado correctamente, puede marcar la diferencia entre un trader mediocre y uno exitoso. El hecho de que el mercado se comporte de la misma manera en todas las escalas temporales significa que las herramientas que utilizamos para analizar gráficos semanales también pueden aplicarse en temporalidades más cortas.

Te invito a que explores por ti mismo este concepto en los gráficos que utilices regularmente. Comienza con un gráfico semanal, identifica los impulsos y retrocesos, y luego desciende a temporalidades menores. Observarás que las mismas estructuras se repiten una y otra vez. Al dominar este conocimiento, incrementarás tu capacidad para operar con mayor seguridad y precisión, obteniendo mejores resultados a largo plazo.

CAPÍTULO 5
IDENTIFICACIÓN DE TENDENCIAS Y SU IMPORTANCIA

UNO DE LOS principios fundamentales del análisis técnico es la identificación de las tendencias del mercado. Las tendencias reflejan la dirección predominante en la que se mueve el precio de un activo y ofrecen a los traders una guía esencial para tomar decisiones. En este capítulo, nos adentraremos en la importancia de las tendencias, los diferentes tipos de tendencias y las herramientas disponibles para identificarlas de manera efectiva.

3.1. ¿Qué es una Tendencia?

Una tendencia se define como la dirección general en la que se mueve el mercado a lo largo de un periodo de tiempo. Es importante recordar que los precios de los activos no se mueven en línea recta, sino que fluctúan constantemente. Sin embargo, una tendencia surge cuando el mercado se inclina hacia una dirección predominante, ya sea al alza (tendencia alcista), a la baja (tendencia bajista) o en un rango lateral (tendencia lateral).

Las tendencias permiten a los traders:
• Determinar la dirección general del mercado.
• Identificar posibles puntos de entrada y salida.

• Maximizar oportunidades al operar a favor de la tendencia.

Existen tres tipos principales de tendencias:

1. Tendencia alcista: Se caracteriza por una serie de máximos y mínimos más altos. Los precios tienden a subir con fuerza durante este tipo de tendencia.

2. Tendencia bajista: Se define por una serie de máximos y mínimos más bajos, lo que indica que los precios están cayendo.

3. Tendencia lateral (o de consolidación): Los precios oscilan dentro de un rango limitado, sin un movimiento claro hacia arriba o hacia abajo. En este caso, el mercado no muestra una dirección dominante.

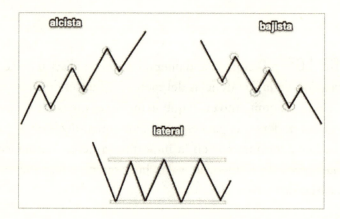

3.2. La Importancia de Operar a Favor de la Tendencia

Uno de los lemas más comunes entre los traders es "la tendencia es tu amiga" (en inglés, "the trend is your friend"). Este principio se basa en la idea de que es mucho más probable obtener resultados positivos si operamos a favor de la tendencia, en lugar de intentar adivinar el final de esta y operar en su contra.

Ventajas de operar con la tendencia:

• **Mayor probabilidad de éxito:** Al operar a favor de la

dirección predominante del mercado, incrementas las posibilidades de que tu operación sea exitosa.

• **Reducción de riesgos:** Identificar y seguir una tendencia clara puede ayudar a mitigar el riesgo de cambios bruscos en el precio.

• **Claridad en la toma de decisiones:** La tendencia ofrece una "hoja de ruta" que guía al trader en sus decisiones, reduciendo la necesidad de especular sobre los movimientos futuros del mercado.

Sin embargo, es esencial destacar que las tendencias no duran para siempre. A lo largo del tiempo, cualquier tendencia eventualmente se revertirá o entrará en un periodo de consolidación. Por ello, es crucial estar atentos a las señales de agotamiento de una tendencia para ajustar nuestras estrategias cuando sea necesario.

3.3. Tipos de Tendencias

Ahora que entendemos la importancia de seguir la tendencia, veamos los diferentes tipos de tendencias en detalle.

Tendencia Alcista (Bull Market): Una tendencia alcista se caracteriza por una serie de máximos y mínimos crecientes. A medida que los compradores dominan el mercado, los precios continúan alcanzando niveles más altos. Esta tendencia es fácilmente identificable por una serie de picos y valles ascendentes.

Indicadores de una tendencia alcista:

• Precio por encima de las medias móviles (por ejemplo, la media móvil de 50 o 200 días).

• Máximos y mínimos más altos en el gráfico.

• Líneas de tendencia ascendentes.

Tendencia Bajista (Bear Market): En una tendencia bajista, los vendedores son los que dominan el mercado, lo que lleva a una serie de máximos y mínimos descendentes. A medida que la presión de venta aumenta, los precios caen constantemente.

Indicadores de una tendencia bajista:

• Precio por debajo de las medias móviles.

• Máximos y mínimos más bajos en el gráfico.

• Líneas de tendencia descendentes.

Tendencia Lateral (Rango): Durante una tendencia lateral, el mercado se mueve en un rango limitado sin una dirección clara. Los precios oscilan entre niveles de soporte y resistencia, sin mostrar un sesgo fuerte hacia arriba o hacia abajo. Las tendencias laterales suelen aparecer después de movimientos prolongados de precio, cuando el mercado entra en un periodo de consolidación antes de continuar con la tendencia original o revertirse.

3.4. Herramientas para Identificar Tendencias

Para identificar tendencias de manera efectiva, los traders suelen recurrir a varias herramientas y técnicas que les permiten analizar el comportamiento del mercado. A continuación, presentamos algunas de las más populares:

1. Líneas de Tendencia: Las líneas de tendencia son una de las formas más sencillas y efectivas de identificar y visualizar una tendencia. Se trazan conectando una serie de máximos o mínimos en el gráfico de precios. Una línea de tendencia ascendente conecta una serie de mínimos crecientes, mientras que una línea de tendencia descendente conecta una serie de máximos decrecientes.

2. Medias Móviles: Las medias móviles suavizan el movimiento del precio a lo largo del tiempo y son útiles para identificar la dirección general del mercado. Por ejemplo, cuando el precio de un activo está por encima de su media móvil de 50 días, suele considerarse que el activo está en una tendencia alcista. En cambio, si está por debajo, se interpreta como una tendencia bajista.

3. Indicadores de Tendencia: Existen varios indicadores técnicos que ayudan a confirmar la presencia de una tendencia. Algunos de los más utilizados incluyen el **Índice de Movimiento Direccional (ADX)**, que mide la fortaleza de una tendencia, y el **Indicador de Convergencia/Divergencia de Medias Móviles (MACD)**, que ayuda a identificar cambios en la tendencia.

. . .

3.5. Confirmación y Reversión de Tendencias

No basta con identificar una tendencia; también es importante confirmar que la tendencia es sólida y reconocer cuándo está a punto de cambiar. Algunas señales de confirmación incluyen:

• Volumen creciente a favor de la tendencia (indica interés creciente).

• La acción del precio respetando niveles clave de soporte y resistencia.

Por otro lado, algunos signos de reversión de tendencia incluyen:

• **Patrones de velas japonesas:** Como el patrón de envolvente bajista o alcista, que indican posibles cambios de dirección.

• **Divergencias en indicadores técnicos:** Por ejemplo, cuando el precio sigue haciendo máximos más altos, pero el indicador MACD comienza a hacer máximos más bajos, lo que puede señalar una posible reversión.

3.6. Conclusión: Dominar el Arte de Detectar Tendencias

La identificación de tendencias es una habilidad esencial para cualquier trader que busque tener éxito en el mercado financiero. Operar a favor de la tendencia te permite aprovechar los movimientos más significativos del mercado y maximizar tus oportunidades de obtener ganancias. Sin embargo, reconocer cuándo una tendencia está a punto de agotarse o revertirse es igualmente crucial para proteger tus posiciones y evitar pérdidas innecesarias.

A lo largo de este capítulo, hemos explorado los conceptos clave detrás de las tendencias, sus diferentes tipos y las herramientas que nos permiten detectarlas. En los siguientes capítulos, profundizaremos en cómo aplicar esta comprensión a las estrategias de trading y en cómo gestionar eficazmente nuestras posiciones en función de la tendencia predominante.

CAPÍTULO 6

SOPORTES Y RESISTENCIAS

EL ANÁLISIS de soportes y resistencias es fundamental en la toma de decisiones de trading. Estos niveles son puntos clave en los gráficos de precios donde el movimiento tiende a detenerse o invertirse, proporcionando valiosa información sobre las dinámicas del mercado. En este capítulo, profundizaremos en la importancia de identificar los niveles de soporte y resistencia, cómo detectarlos en los gráficos y cómo utilizarlos para diseñar estrategias de trading más efectivas.

4.1. ¿Qué Son Soportes y Resistencias?

Soportes y resistencias son niveles en los gráficos de precios donde se espera que el movimiento del precio se detenga y, en muchos casos, cambie de dirección. Estos niveles reflejan la interacción entre la oferta y la demanda en el mercado, y pueden ser utilizados tanto en tendencias alcistas como bajistas.

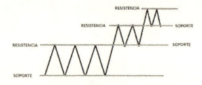

• **Soporte:** Es un nivel en el gráfico donde el precio de un activo tiende a encontrar soporte a medida que baja. Es decir, es un nivel en el que los compradores son lo suficientemente fuertes como para detener la caída del precio e incluso revertir la dirección hacia arriba. Los soportes actúan como una especie de "piso" para el precio.

• **Resistencia:** Es el nivel opuesto al soporte. Representa un punto en el gráfico donde la presión de venta es lo suficientemente fuerte como para detener el alza del precio. Las resistencias actúan como un "techo" que impide que el precio siga subiendo.

4.2. La Psicología Detrás de los Soportes y Resistencias

Los niveles de soporte y resistencia reflejan la psicología de los participantes en el mercado. Cada vez que el precio se aproxima a un nivel de soporte, los compradores anticipan que el precio ha bajado lo suficiente como para ser una oportunidad de compra, lo que genera una mayor demanda. Del mismo modo, cuando el precio se acerca a un nivel de resistencia, los vendedores creen que el precio ha subido demasiado y deciden vender sus posiciones, lo que genera una mayor oferta.

Por qué son importantes:

• **Reflejan la oferta y la demanda:** Los soportes y resistencias son el resultado directo de las fuerzas de oferta y demanda en el mercado.

• **Proporcionan puntos clave para entrar o salir del**

mercado: Estos niveles se utilizan como referencias para colocar órdenes de compra o venta.

• **Definen niveles de riesgo:** Los traders pueden utilizar los soportes y resistencias para definir los niveles de stop-loss y take-profit en sus operaciones.

4.3. Cómo Identificar Niveles de Soporte y Resistencia

Hay varias formas de identificar soportes y resistencias en los gráficos. Algunas son más simples y otras más avanzadas, pero todas ofrecen información clave para tomar decisiones en el trading.

1. Niveles Horizontales: Son los tipos más comunes de soportes y resistencias y se identifican buscando áreas en el gráfico donde el precio se ha detenido o invertido en múltiples ocasiones.

• **Soportes Horizontales:** Busca mínimos repetidos en el gráfico que formen un patrón. Cuantas más veces el precio rebota en un soporte sin romperlo, más fuerte será ese nivel.

• **Resistencias Horizontales:** De manera similar, las resistencias se forman en áreas donde el precio ha subido varias veces pero no ha logrado superar un cierto nivel.

2. Líneas de Tendencia: Las líneas de tendencia también pueden actuar como soportes y resistencias dinámicos. En una tendencia alcista, la línea de tendencia que conecta los mínimos puede actuar como un soporte. En una tendencia bajista, la línea que conecta los máximos puede servir como resistencia.

3. Medias Móviles: Las medias móviles son indicadores técnicos que también pueden actuar como niveles dinámicos de soporte y resistencia. En muchos casos, el precio tiende a rebotar o detenerse alrededor de la media móvil, especialmente las más populares, como la media móvil de 50 o 200 periodos.

4. Retrocesos de Fibonacci: Los niveles de retroceso de Fibonacci son herramientas populares para identificar posibles niveles de soporte y resistencia basados en las proporciones derivadas de la secuencia de Fibonacci. Estos niveles se trazan entre dos puntos extremos en el gráfico y ofrecen referencias comunes en el 38.2%, 50% y 61.8% de retroceso.

5. Puntos Pivot: Los puntos pivot son cálculos matemáticos que utilizan los precios anteriores (máximos, mínimos y cierres) para determinar posibles niveles de soporte y resistencia en el futuro. Se utilizan comúnmente en el trading diario para identificar zonas clave.

4.4. Cómo Operar con Soportes y Resistencias

Una vez que hemos identificado los niveles de soporte y resistencia, el siguiente paso es aprender a utilizarlos de manera efectiva en nuestras operaciones. Los traders experimentados usan estos niveles como puntos clave de entrada y salida en sus estrategias de trading.

1. Operar en el Rebote: Una de las formas más comunes de operar con soportes y resistencias es esperar a que el precio toque uno de estos niveles y luego buscar un rebote. Por ejemplo, si el precio cae hasta un nivel de soporte fuerte y comienza a mostrar signos de reversión, podrías abrir una posición de compra anticipando que el precio subirá nuevamente.

• **Ejemplo:** El precio de una acción cae repetidamente a un nivel de $100, que ha actuado como soporte en el pasado. Un trader podría comprar cerca de los $100, anticipando que el soporte mantendrá y el precio rebotará.

2. Operar en la Ruptura: Otra estrategia es operar en la ruptura de un soporte o resistencia. Si el precio rompe un nivel clave, esto a menudo indica que la presión de compra o venta es lo suficientemente fuerte como para superar ese nivel, y el movimiento puede continuar en esa dirección.

• **Ejemplo:** El precio de una acción rompe por encima de una resistencia en $150, lo que sugiere una posible tendencia alcista. Un trader podría comprar después de la ruptura, anticipando que el precio continuará subiendo.

· · ·

4.5. Falsas Rupturas: Qué Son y Cómo Evitarlas

Una ruptura falsa ocurre cuando el precio aparentemente rompe un nivel de soporte o resistencia, pero luego rápidamente revierte y vuelve a moverse en la dirección opuesta. Las falsas rupturas son comunes y pueden generar pérdidas para los traders que ingresan al mercado en el momento equivocado.

Cómo evitar las falsas rupturas:

• **Confirmación de Volumen:** Un aumento en el volumen de operaciones durante una ruptura suele indicar que el movimiento es genuino. Si el volumen es bajo, es más probable que se trate de una ruptura falsa.

• **Paciencia:** No te apresures a entrar en una operación inmediatamente después de una ruptura. Espera a que el precio confirme el nuevo nivel de soporte o resistencia antes de tomar una decisión.

4.6. Cómo Incorporar Soportes y Resistencias en Tu Estrategia

Los soportes y resistencias pueden ser utilizados en combinación con otros indicadores técnicos y patrones para desarrollar estrategias de trading robustas. Algunos enfoques incluyen:

• **Combinación con indicadores de sobrecompra/sobreventa:** Usar osciladores como el RSI o el Estocástico para identificar cuándo un activo está sobrecomprado o sobrevendido cerca de un soporte o resistencia.

• **Patrones de velas:** Observar patrones de velas japonesas como doji, martillo o envolventes para confirmar posibles reversiones en niveles clave.

4.7. Conclusión: La Esencia del Soporte y la Resistencia

Dominar el análisis de soportes y resistencias es esencial para cualquier trader que busque obtener consistencia en sus operaciones.

Estos niveles no solo actúan como puntos de referencia en los gráficos, sino que también reflejan la psicología del mercado. Al comprender cómo interactúan los compradores y vendedores en estos niveles, podrás anticipar movimientos importantes y posicionarte adecuadamente en el mercado.

CAPÍTULO 7

MEDIAS MÓVILES

LAS MEDIAS móviles son uno de los indicadores técnicos más utilizados en el análisis de mercados financieros. Su simplicidad y versatilidad las convierten en una herramienta esencial para cualquier trader, independientemente de su nivel de experiencia. En este capítulo, exploraremos en profundidad qué son las medias móviles, cómo funcionan y cómo puedes integrarlas en tu estrategia de trading para identificar tendencias, señales de compra y venta, así como para gestionar el riesgo.

5.1. ¿Qué Son las Medias Móviles?

Una **media móvil** es un indicador que suaviza el movimiento del precio de un activo al promediar sus precios durante un período de tiempo específico. Esto elimina el "ruido" de los movimientos diarios y permite que los traders identifiquen la tendencia subyacente de manera más clara.

Existen dos tipos principales de medias móviles:

• **Media Móvil Simple (SMA, por sus siglas en inglés):** Es el promedio aritmético de los precios de un activo en un período determinado. Si calculamos una SMA de 10 días, sumaremos los precios de cierre de los últimos 10 días y dividiremos el resultado entre 10. Este cálculo se actualiza diariamente, eliminando el precio más antiguo y añadiendo el nuevo.

• **Media Móvil Exponencial (EMA, por sus siglas en inglés):** La EMA da más peso a los precios recientes, lo que la hace más sensible a los cambios en el precio que la SMA. Es útil para los traders que desean detectar cambios en la tendencia con mayor rapidez.

5.2. ¿Cómo Funcionan las Medias Móviles?

Las medias móviles funcionan como una representación visual de la tendencia general del precio de un activo. El propósito principal de las medias móviles es suavizar las fluctuaciones diarias para permitir una mejor identificación de las tendencias a corto, mediano o largo plazo.

• **Tendencias Alcistas:** Cuando el precio de un activo está por encima de su media móvil, esto suele ser una señal de que la tendencia es alcista.

• **Tendencias Bajistas:** Cuando el precio de un activo está por debajo de su media móvil, suele indicar una tendencia bajista.

Cruz de Oro y Cruz de la Muerte:

• **Cruz de Oro:** Ocurre cuando una media móvil de corto plazo cruza por encima de una media móvil de largo plazo, lo que indica una posible tendencia alcista. Este cruce a menudo es interpretado como una señal de compra.

• **Cruz de la Muerte:** Es lo opuesto a la Cruz de Oro, y se da cuando una media móvil de corto plazo cruza por debajo de una media móvil de largo plazo, lo que sugiere una posible tendencia bajista y puede ser una señal de venta.

5.3. Períodos Claves en las Medias Móviles

El período de la media móvil depende del horizonte temporal que el trader esté analizando. Algunas medias móviles comunes incluyen:

• **Medias Móviles de 50 y 200 días:** Son las más utilizadas para identificar tendencias a largo plazo. La media de 50 días es útil para observar las tendencias a medio plazo, mientras que la media de 200 días proporciona una visión más amplia del movimiento de los precios.

• **Medias Móviles de 10 y 20 días:** Se emplean para observar tendencias a corto plazo. Los traders intradía o swing traders suelen emplear estos períodos para identificar señales rápidas de compra o venta.

5.4. Cómo Utilizar las Medias Móviles en el Trading

Las medias móviles pueden usarse de varias formas para mejorar las decisiones de trading. A continuación, se detallan algunas estrategias populares.

1. Identificación de la Tendencia: Las medias móviles permiten identificar fácilmente la dirección de la tendencia. Cuando el precio de un activo está consistentemente por encima de la media móvil, esto indica una tendencia alcista. Del mismo modo, si el precio está por debajo, estamos en una tendencia bajista. Los traders pueden aprovechar estos indicadores para entrar en posiciones a favor de la tendencia predominante.

2. Cruce de Medias Móviles: Los cruces entre medias

móviles de diferentes períodos son señales comunes de entrada o salida en el trading. Por ejemplo, si la SMA de 50 días cruza por encima de la SMA de 200 días, un trader podría considerar abrir una posición larga, ya que esta señal sugiere que el activo podría entrar en una tendencia alcista sostenida.

• **Ejemplo de compra:** Si una media móvil de 10 días cruza por encima de una media móvil de 50 días, podrías abrir una posición larga, anticipando que el precio seguirá subiendo.

• **Ejemplo de venta:** Si una media móvil de 10 días cruza por debajo de una media móvil de 50 días, podría ser una señal para vender, ya que el activo está entrando en una tendencia bajista.

3. Soportes y Resistencias Dinámicos: Las medias móviles no solo indican tendencias, también pueden actuar como niveles dinámicos de soporte y resistencia. En una tendencia alcista, la media móvil puede actuar como soporte, mientras que en una tendencia bajista, puede actuar como resistencia. Los traders pueden utilizar estos niveles para planificar entradas y salidas.

• **Ejemplo:** En una tendencia alcista, un trader podría esperar a que el precio caiga hasta tocar la media móvil (que actúa como soporte) antes de entrar en una posición larga.

5.5. Desventajas y Limitaciones de las Medias Móviles

Aunque las medias móviles son una herramienta poderosa, no son infalibles y tienen algunas limitaciones. Los traders deben ser conscientes de los posibles inconvenientes para evitar errores comunes.

1. Señales Retrasadas: Una de las desventajas de las medias móviles es que son indicadores retrasados. Esto significa que el cambio en la dirección de la media móvil se produce después de que el precio haya cambiado de dirección. En algunos casos, este retraso puede hacer que los traders entren o salgan demasiado tarde de una operación.

2. Ruido del Mercado: En mercados muy volátiles, las

medias móviles pueden generar señales falsas. El precio puede cruzar por encima o por debajo de una media móvil solo para revertir rápidamente, lo que lleva a pérdidas si no se manejan adecuadamente las entradas y salidas.

3. Ineficacia en Mercados Laterales: En períodos de mercado lateral o sin tendencia clara, las medias móviles pueden ser menos efectivas. Los cruces y las señales en estos mercados pueden no ser tan útiles y generar señales contradictorias.

5.6. Estrategias Combinadas con Medias Móviles

Para maximizar la eficacia de las medias móviles, muchos traders combinan este indicador con otros análisis técnicos y herramientas. Aquí algunas estrategias combinadas:

• **Con el RSI (Índice de Fuerza Relativa):** Combinar medias móviles con el RSI puede ayudar a confirmar señales. Por ejemplo, un cruce alcista de medias móviles combinado con un RSI en zona de sobreventa puede ser una señal fuerte de compra.

• **Con el MACD (Media Móvil de Convergencia/Divergencia):** El MACD es otro indicador basado en medias móviles que mide la diferencia entre medias móviles exponenciales de diferentes períodos. Usar el MACD junto con cruces de medias móviles puede ofrecer confirmación adicional.

• **Patrones de Velas Japonesas:** Los patrones de velas, como el doji o el martillo, cuando se observan cerca de una media móvil, pueden confirmar un cambio en la tendencia.

5.7. Ejemplos Prácticos de Medias Móviles

A continuación, algunos ejemplos prácticos de cómo las medias móviles se pueden usar en escenarios de mercado reales.

Ejemplo 1: Un trader observa una tendencia alcista en una acción con la SMA de 50 días por encima de la SMA de 200 días. El precio retrocede y toca la media móvil de 50 días, pero no la rompe. Esto confirma que la tendencia alcista está intacta, por lo que el trader decide abrir una posición larga.

Ejemplo 2: En un mercado bajista, un trader observa que la media móvil de 10 días cruza por debajo de la media móvil de 50 días. Este cruce, junto con un aumento en el volumen de ventas, sugiere que la presión de venta está aumentando. El trader decide abrir una posición corta para capitalizar la caída del precio.

5.8. Conclusión: El Poder de las Medias Móviles

Las medias móviles son una herramienta simple pero poderosa para cualquier trader. Su capacidad para suavizar las fluctuaciones del mercado y proporcionar señales claras de tendencia las convierte en un recurso valioso en cualquier estrategia de trading. Sin embargo, como con cualquier herramienta, es importante usarlas en combinación con otros análisis técnicos para minimizar las señales falsas y mejorar la toma de decisiones.

CAPÍTULO 8

PATRONES DE VELAS JAPONESAS

LOS **PATRONES** de velas japonesas son una de las herramientas más potentes en el análisis técnico. Originarios del mercado de arroz japonés en el siglo XVII, estos patrones visuales ofrecen una visión clara del comportamiento del mercado en un período determinado y son utilizados por traders de todo el mundo para identificar posibles reversiones o continuaciones de una tendencia. En este capítulo, exploraremos los principales patrones de velas japonesas, cómo interpretarlos y cómo utilizarlos en el contexto del análisis técnico para tomar decisiones de trading más precisas.

7.1. Introducción a las Velas Japonesas

Una **vela japonesa** es una representación gráfica que muestra la evolución de los precios de un activo financiero durante un período específico (día, hora, minuto, etc.). Cada vela contiene cuatro puntos clave de información: el precio de apertura, el precio de cierre, el precio máximo y el precio mínimo del activo en ese período.

Gráfico de Velas Japonesas

Vela Bajista   Vela Alcista

• **Cuerpo de la Vela:** Representa la diferencia entre el precio de apertura y el precio de cierre. Si el cierre es superior al de apertura, la vela es de color alcista (generalmente verde o blanca). Si el cierre es inferior, la vela es de color bajista (generalmente roja o negra).

• **Sombras o Mechas:** Las líneas que salen del cuerpo de la vela hacia arriba y hacia abajo indican los precios máximos y mínimos alcanzados durante el período.

La interpretación de las velas individuales y de los patrones formados por varias velas proporciona valiosas pistas sobre el comportamiento del mercado y los posibles movimientos futuros.

7.2. Patrones de Velas Simples

Los **patrones de velas simples** son aquellos formados por una sola vela, pero que pueden proporcionar una gran cantidad de información sobre la dirección del mercado. A continuación, veremos algunos de los patrones simples más comunes y cómo usarlos en el trading.

1. Martillo (Hammer):

• El martillo es una vela de cuerpo pequeño con una mecha larga hacia abajo, lo que indica que, aunque los vendedores dominaron inicialmente, los compradores intervinieron y lograron subir el precio antes del cierre. Este patrón suele aparecer al final de una tendencia bajista y sugiere una posible reversión alcista.

• **Cómo usarlo:** Un martillo en un nivel de soporte clave puede ser una señal para buscar oportunidades de compra.

2. Hombre Colgado (Hanging Man):

• Similar al martillo, pero aparece al final de una tendencia alcista. El hombre colgado tiene un cuerpo pequeño y una mecha larga hacia abajo, lo que sugiere que los compradores ya no tienen tanto control y que el mercado podría estar preparado para una reversión bajista.

• **Cómo usarlo:** Un hombre colgado en un nivel de resistencia es una señal potencial para considerar una posición corta.

3. Estrella Fugaz (Shooting Star):

• La estrella fugaz tiene un cuerpo pequeño y una mecha larga hacia arriba, lo que indica que, aunque los compradores intentaron subir el precio, los vendedores intervinieron con fuerza y empujaron el precio hacia abajo antes del cierre. Este patrón aparece al final de una tendencia alcista y sugiere una reversión bajista.

• **Cómo usarlo:** La estrella fugaz en un nivel de resistencia puede ser una señal para tomar ganancias en una operación larga o abrir una posición corta.

4. Doji:

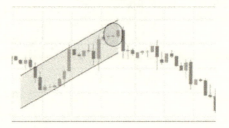

• Una vela doji se forma cuando el precio de apertura y el precio de cierre son prácticamente iguales, lo que refleja indecisión en el mercado. Puede tener sombras largas o cortas, pero el cuerpo es casi inexistente. El doji puede aparecer en cualquier punto de una tendencia y sugiere que el mercado podría estar a punto de cambiar de dirección.

• **Cómo usarlo:** Un doji en una tendencia fuerte puede ser una señal de que el impulso está disminuyendo y que el mercado está preparado para una corrección o reversión.

. . .

7.3. Patrones de Velas Dobles

Los **patrones de velas dobles** están formados por dos velas consecutivas y proporcionan una imagen más detallada del comportamiento del mercado. Estos patrones suelen ser más fiables que los patrones simples, ya que combinan la información de dos períodos consecutivos.

1. Patrón Envolvente Alcista (Bullish Engulfing):

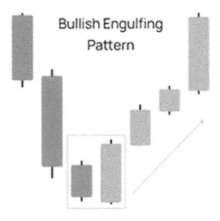

• Este patrón se forma cuando una vela alcista envuelve completamente el cuerpo de la vela bajista anterior. Indica que los compradores han tomado el control del mercado después de un período de presión bajista y sugiere una posible reversión alcista.

• **Cómo usarlo:** Un patrón envolvente alcista en un nivel de soporte clave puede ser una señal para abrir una posición larga.

2. Patrón Envolvente Bajista (Bearish Engulfing):

• Al contrario del envolvente alcista, este patrón se forma cuando una vela bajista envuelve completamente el cuerpo de la vela alcista anterior. Sugiere que los vendedores han retomado el control y que podría haber una reversión bajista.

• **Cómo usarlo:** Un envolvente bajista en un nivel de resistencia clave puede ser una señal para abrir una posición corta.

3. Harami Alcista (Bullish Harami):

BULLISH HARAMI PATTERN

• El harami alcista es un patrón en el que una pequeña vela alcista se encuentra dentro del cuerpo de una vela bajista más grande. Este patrón sugiere que la presión bajista está disminuyendo y que el mercado podría estar listo para un giro alcista.

• **Cómo usarlo:** Si el harami alcista aparece cerca de un nivel de soporte, puede ser una señal para entrar en una posición larga.

4. Harami Bajista (Bearish Harami):

Bearish Harami

• Similar al harami alcista, pero en este caso, una pequeña vela bajista se encuentra dentro del cuerpo de una vela alcista más grande. Indica una posible reversión bajista.

• **Cómo usarlo:** Un harami bajista en un nivel de resistencia puede ser una señal para cerrar posiciones largas o abrir posiciones cortas.

7.4. Patrones de Velas Triples

Los **patrones de velas triples** involucran tres velas consecutivas y tienden a ser aún más confiables que los patrones de una o dos velas. Estos patrones suelen señalar cambios importantes en la dirección del mercado.

1. Estrella de la Mañana (Morning Star):

Morning Star

• La estrella de la mañana es un patrón de reversión alcista que se forma en tres velas: la primera es una vela bajista grande, seguida por una pequeña vela (doji o cuerpo pequeño) que indica indecisión, y la tercera es una vela alcista grande que confirma el cambio de tendencia.

• **Cómo usarlo:** Este patrón es una señal fuerte de compra, especialmente si aparece en un nivel de soporte.

2. Estrella de la Tarde (Evening Star):

• El patrón opuesto a la estrella de la mañana, la estrella de la tarde es una señal de reversión bajista. Se forma cuando una vela alcista es seguida por una vela pequeña de indecisión, y luego una vela bajista grande que confirma la reversión.

• **Cómo usarlo:** Una estrella de la tarde en un nivel de resistencia es una fuerte señal para abrir una posición corta.

3. Tres Soldados Blancos (Three White Soldiers):

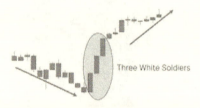

• Este patrón alcista se forma cuando aparecen tres velas alcistas consecutivas, cada una con un cierre más alto que la anterior. Indica una fuerte presión compradora y sugiere que la tendencia alcista continuará.

• **Cómo usarlo:** Tres soldados blancos son una señal de continuación de tendencia y pueden servir para confirmar una tendencia alcista en curso.

4. Tres Cuervos Negros (Three Black Crows):

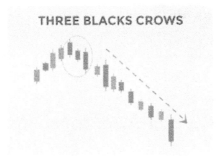

THREE BLACKS CROWS

• Este patrón bajista se forma cuando aparecen tres velas bajistas consecutivas, cada una con un cierre más bajo que la anterior. Indica una fuerte presión vendedora y sugiere que la tendencia bajista continuará.

• **Cómo usarlo:** Tres cuervos negros son una señal de continuación de tendencia y pueden servir para confirmar una tendencia bajista en curso.

7.5. Uso de los Patrones de Velas en el Trading

Los patrones de velas japonesas proporcionan señales claras para los traders, pero es importante recordar que no deben usarse de forma aislada. Los mejores resultados se obtienen cuando se combinan con otros indicadores técnicos y herramientas, como soportes y resistencias, líneas de tendencia o el volumen de operaciones.

• **Confirmación con Volumen:** Los patrones de velas son más confiables cuando se acompañan de un aumento en el volumen de operaciones. Un patrón de reversión con volumen creciente sugiere que el cambio de tendencia tiene un mayor respaldo.

• **Contexto del Mercado:** Los patrones de velas deben interpretarse en el contexto de la tendencia general del mercado. Un patrón de reversión alcista en una tendencia bajista fuerte puede no ser tan confiable como el mismo patrón en una tendencia lateral o cerca de un nivel de soporte clave.

. . .

7.6. Estrategias de Trading Basadas en Patrones de Velas

Las estrategias de trading basadas en patrones de velas japonesas son variadas y se pueden aplicar en diferentes marcos de tiempo. A continuación, describimos algunas estrategias comunes:

1. Estrategia de Reversión en Soportes y Resistencias:

• Los traders pueden buscar patrones de velas de reversión, como el martillo o el envolvente alcista, en niveles clave de soporte para abrir posiciones largas. Del mismo modo, los patrones bajistas como la estrella de la tarde o el envolvente bajista en niveles de resistencia pueden ser señales para abrir posiciones cortas.

2. Estrategia de Continuación de Tendencia:

• Los patrones de velas como los tres soldados blancos o los tres cuervos negros indican la continuación de una tendencia existente. Los traders pueden usar estos patrones para añadir posiciones en la dirección de la tendencia o para confirmar la fuerza de la misma.

3. Estrategia de Patrón Doji:

• Un doji en una tendencia fuerte puede ser una señal de que el impulso se está debilitando. Los traders pueden buscar confirmación en las velas posteriores para decidir si es el momento de cerrar una posición o abrir una en dirección contraria.

7.7. Conclusión: Patrones de Velas Japonesas

El estudio de los **patrones de velas japonesas** es una herramienta poderosa dentro del análisis técnico, permitiéndonos entender y anticipar el comportamiento del mercado a través de la acción del precio. Estos patrones nos ofrecen una representación clara de la psicología de los participantes del mercado, ayudándonos a identificar puntos clave de reversión o continuación de una tendencia.

Hemos aprendido que la correcta identificación y comprensión de estos patrones no solo nos permite tener una visión más precisa de lo que puede suceder en el futuro, sino que también nos ofrece la posibilidad de ajustar nuestras estrategias de trading, aprovechando las oportunidades con mayor confianza.

Es importante subrayar que los patrones de velas no deben utilizarse de forma aislada. La clave del éxito en su aplicación radica en combinarlos con otras herramientas del análisis técnico, como los niveles de soporte y resistencia, los indicadores técnicos, y, por supuesto, la gestión del riesgo. De este modo, podremos tomar decisiones más informadas y con una mayor ventaja estadística.

Finalmente, recuerda que, aunque los patrones de velas japonesas pueden ser una señal clara de una posible dirección del mercado, **ningún patrón garantiza el éxito**. Por ello, es crucial seguir practicando su identificación, aplicando la gestión adecuada del riesgo y mejorando continuamente nuestras habilidades en la lectura del mercado.

Al dominar los patrones de velas japonesas y usarlos como parte integral de una estrategia más amplia, estarás bien equipado para enfrentar los desafíos del trading y aprovechar las oportunidades que el mercado presente. ¡El éxito en el trading es una combinación de conocimiento, práctica y disciplina, y los patrones de velas son una excelente adición a tu arsenal!

CAPÍTULO 9

INDICADORES TÉCNICOS CLAVE

LOS **INDICADORES técnicos** son herramientas esenciales en el análisis técnico, ya que nos permiten interpretar el comportamiento del mercado de una manera más precisa y objetiva. Estos indicadores se derivan de los movimientos de precios y el volumen de operaciones, proporcionando señales sobre las posibles direcciones del mercado. En este capítulo, exploraremos los indicadores técnicos más utilizados, cómo interpretarlos y cómo integrarlos en nuestras estrategias de trading.

8.1. ¿Qué Son los Indicadores Técnicos?

Los indicadores técnicos son fórmulas matemáticas que se aplican a los precios, el volumen o el interés abierto de un activo. El objetivo principal de estos indicadores es identificar patrones o tendencias que puedan ayudarnos a anticipar los movimientos futuros del mercado. Mientras que el análisis del **precio puro** nos da una visión directa del comportamiento del mercado, los indicadores añaden una capa de información que puede refinar nuestra toma de decisiones.

Existen dos categorías principales de indicadores técnicos:

1. Indicadores de Tendencia: Se utilizan para identificar la dirección general del mercado (alcista, bajista o lateral). Estos indicadores suelen suavizar las fluctuaciones de precios para resaltar la tendencia predominante.

2. Indicadores de Oscilación: Se centran en detectar momentos de sobrecompra o sobreventa, lo que puede indicar una reversión inminente. Son útiles en mercados laterales o cuando se quiere anticipar un cambio de dirección en una tendencia.

8.2. Medias Móviles (Moving Averages)

Las **medias móviles** son uno de los indicadores más utilizados en el análisis técnico. Se emplean para suavizar los movimientos de precios y ayudar a los traders a identificar la dirección general de una tendencia.

8.2.1. Media Móvil Simple (SMA)

La **Media Móvil Simple (SMA)** calcula el precio promedio de un activo en un período de tiempo específico. Por ejemplo, una SMA de 50 días promediaría los precios de cierre de los últimos 50 días. Las medias móviles simples son útiles para filtrar el "ruido" del mercado y enfocarse en la tendencia a largo plazo.

• **Señales de Compra y Venta:** Cuando el precio de un activo cruza por encima de su SMA, puede ser una señal de compra. Por el contrario, cuando el precio cruza por debajo de su SMA, puede ser una señal de venta.

8.2.2. Media Móvil Exponencial (EMA)

La **Media Móvil Exponencial (EMA)** es similar a la SMA, pero da más peso a los precios recientes. Esto significa que reacciona más rápido a los cambios de precio, lo que la convierte en una herramienta preferida para los traders que buscan señales más inmediatas.

• **Uso en Tendencias Corto Plazo:** La EMA es útil para detectar cambios en las tendencias a corto plazo. Un cruce entre una EMA de corto plazo y una EMA de largo plazo (por ejemplo, una EMA de 9 días cruzando una EMA de 50 días) es una señal común utilizada en el trading.

8.2.3. Cruces de Medias Móviles

Un cruce de medias móviles ocurre cuando dos medias móviles, generalmente de diferente longitud, se cruzan entre sí. Esta señal es utilizada para determinar el comienzo de una nueva tendencia.

• **Cruz Dorada (Golden Cross):** Ocurre cuando una media móvil de corto plazo cruza por encima de una media móvil de largo plazo, indicando un posible cambio de tendencia alcista.

• **Cruz de la Muerte (Death Cross):** Ocurre cuando una media móvil de corto plazo cruza por debajo de una media móvil de largo plazo, lo que sugiere una posible tendencia bajista.

8.3. Índice de Fuerza Relativa (RSI)

El **Índice de Fuerza Relativa (RSI)** es un oscilador que mide la velocidad y el cambio de los movimientos de precio. Su valor varía entre 0 y 100, y se utiliza principalmente para identificar condiciones de sobrecompra o sobreventa en el mercado.

• **Sobrecompra y Sobreventa:** Un RSI por encima de 70 indica que un activo está sobrecomprado y podría estar preparado para una corrección. Un RSI por debajo de 30 sugiere que el activo está sobrevendido y podría experimentar un repunte.

• **Divergencias RSI:** Las divergencias entre el RSI y el precio del activo pueden ser una señal de que la tendencia actual está perdiendo fuerza. Si el precio sigue subiendo mientras el RSI baja, esto puede indicar una reversión bajista inminente.

. . .

8.4. Bandas de Bollinger

Las **Bandas de Bollinger** son un indicador volátil que ayuda a los traders a identificar períodos de alta y baja volatilidad, así como posibles cambios en la dirección del precio. Este indicador está compuesto por tres líneas: una media móvil simple en el centro y dos desviaciones estándar (bandas superior e inferior) que se mueven por encima y por debajo de la media móvil.

• **Contracción y Expansión de las Bandas:** Cuando las bandas se contraen, esto indica que la volatilidad está disminuyendo, lo que a menudo precede a un gran movimiento de precio. Cuando las bandas se expanden, señala un aumento en la volatilidad.

• **Rebotes en las Bandas:** Si el precio toca la banda superior, el activo podría estar sobrecomprado y próximo a corregirse. Si toca la banda inferior, el activo podría estar sobrevendido y a punto de repuntar.

8.5. Convergencia-Divergencia de la Media Móvil (MACD)

El **MACD** es otro indicador popular que ayuda a identificar cambios en la dirección, la fuerza y el momento de una tendencia. Se compone de dos líneas: la línea MACD y la línea de señal, que se derivan de las medias móviles exponenciales.

• **Cruces del MACD:** Cuando la línea MACD cruza por encima de la línea de señal, se interpreta como una señal alcista. Cuando cruza por debajo, es una señal bajista.

• **Histograma del MACD:** El histograma muestra la diferencia entre las dos líneas del MACD y proporciona pistas adicionales sobre la fuerza de la tendencia. Un histograma creciente indica que la tendencia se está fortaleciendo, mientras que un histograma decreciente sugiere que la tendencia está perdiendo fuerza.

. . .

8.6. Oscilador Estocástico

El **Oscilador Estocástico** mide la posición de un activo en relación con su rango de precios en un período determinado. Al igual que el RSI, este indicador se mueve entre 0 y 100 y se utiliza para identificar condiciones de sobrecompra y sobreventa.

• **Señales de Sobrecompra y Sobreventa:** Un estocástico por encima de 80 indica que un activo está sobrecomprado, mientras que un estocástico por debajo de 20 sugiere que está sobrevendido.

• **Cruces Estocásticos:** Cuando la línea estocástica rápida cruza por encima de la línea estocástica lenta, es una señal de compra. Cuando la línea rápida cruza por debajo de la línea lenta, es una señal de venta.

8.7. Volumen de Balance (OBV)

El **Volumen de Balance (OBV)** es un indicador que mide el flujo de volumen en relación con los movimientos de precios. Este indicador asume que el volumen precede al precio, por lo que los cambios en el volumen pueden anticipar cambios en el precio.

• **Interpretación del OBV:** Un OBV creciente sugiere que el volumen está entrando en el activo, lo que podría preceder a un aumento en el precio. Un OBV decreciente indica que el volumen está saliendo del activo, lo que sugiere una posible caída del precio.

8.8. Combinar Indicadores para Mayor Eficacia

Es importante destacar que ningún indicador técnico debe utilizarse de manera aislada. Para aumentar la precisión de nuestras operaciones, podemos combinar varios indicadores y buscar confirmaciones cruzadas antes de abrir una posición.

• **Confluencia de Señales:** Una estrategia eficaz consiste en utilizar un indicador de tendencia, como las medias móviles, junto con un oscilador, como el RSI o el MACD. Si ambos indicadores apuntan en la misma dirección, la señal será más confiable.

. . .

8.9. Estrategias de Trading Basadas en Indicadores Técnicos

A continuación, presentamos algunas estrategias populares que combinan diferentes indicadores técnicos para generar señales de trading:

1. Estrategia de Cruces de Medias Móviles:

• Utiliza una combinación de medias móviles de diferente longitud (por ejemplo, SMA de 50 días y SMA de 200 días) para identificar puntos de entrada y salida basados en cruces. Esta estrategia es efectiva para capturar tendencias en curso.

2. Estrategia de Bandas de Bollinger con RSI:

• Combinando las Bandas de Bollinger con el RSI, los traders pueden identificar cuándo un activo está sobrecomprado o sobrevendido y utilizar las bandas para confirmar posibles puntos de reversión.

3. Estrategia MACD y Oscilador Estocástico:

• El uso conjunto del MACD y el estocástico permite a los traders confirmar tendencias y puntos de reversión en el precio. Si ambos indicadores dan señales de entrada o salida al mismo tiempo, las probabilidades de éxito aumentan.

8.10. Reflexión Final

El uso de **indicadores técnicos** es una parte fundamental del análisis técnico en el trading. Aunque cada indicador ofrece una perspectiva única sobre el comportamiento del mercado, su verdadera potencia reside en su correcta combinación y en la capacidad de interpretarlos en el contexto adecuado. Ningún indicador puede predecir el futuro con certeza, pero cuando se usan de manera efectiva, pueden proporcionarnos señales que mejoran nuestras probabilidades de éxito.

Es esencial recordar que el trading no se basa en la perfección, sino en la toma de decisiones bien fundamentadas. Aprender a confiar en los indicadores, pero siempre complementarlos con un análisis general del mercado y una buena gestión de riesgos, nos dará las mejores oportunidades para operar con éxito. La clave está en dominar estos indicadores y utilizarlos como herramientas para aumentar nuestra confianza y precisión en cada operación.

CAPÍTULO 10

¿QUÉ ES UNA TENDENCIA?

UNA TENDENCIA ES la dirección predominante en la que se mueve el precio de un activo durante un período prolongado. Las tendencias pueden ser alcistas, bajistas o laterales, y cada una de ellas presenta oportunidades y desafíos únicos para el trader. La clave está en identificar correctamente el tipo de tendencia y operar en consecuencia.

9.1.1 Tendencia Alcista

Una tendencia alcista ocurre cuando el precio de un activo muestra máximos y mínimos consecutivos más altos. Esto indica que la demanda está superando la oferta, lo que generalmente lleva a un aumento sostenido del precio. Los traders que identifican una tendencia alcista buscarán posiciones largas (de compra) para capitalizar el impulso positivo del mercado.

9.1.2 Tendencia Bajista

En una tendencia bajista, el precio muestra máximos y mínimos más bajos consecutivos, lo que indica que la oferta supera la demanda. Los traders que operan en tendencias bajistas buscarán posiciones cortas (de venta) para beneficiarse de la caída de los precios. Las tendencias bajistas pueden ser bruscas y rápidas, por lo que es crucial ser capaz de identificarlas temprano.

9.1.3 Tendencia Lateral

Una tendencia lateral se produce cuando el precio oscila dentro de un rango sin mostrar un sesgo claro hacia arriba o hacia abajo. En este tipo de tendencia, los traders a menudo buscan oportunidades para operar en los extremos del rango, comprando cerca del soporte y vendiendo cerca de la resistencia.

9.2 Cómo Identificar Tendencias

El primer paso para identificar una tendencia es analizar el gráfico de precios y buscar patrones repetitivos de máximos y mínimos. Las tendencias son más fáciles de identificar en marcos temporales más largos, como gráficos diarios o semanales, pero también se pueden observar en marcos temporales más cortos dependiendo del estilo de trading.

9.2.1 Medias Móviles

Las medias móviles son una de las herramientas más populares para identificar y confirmar tendencias. Una media móvil es una línea en el gráfico que suaviza los datos de precios para mostrar una tendencia más clara. Las medias móviles pueden ser simples (SMA) o exponenciales (EMA), y el cruce de una media móvil más corta sobre una más larga es un indicador común de cambio de tendencia.

9.2.2 Líneas de Tendencia

Dibujar líneas de tendencia en un gráfico es otra técnica sencilla pero eficaz para identificar la dirección de una tendencia. En una tendencia alcista, la línea de tendencia se traza conectando los mínimos más altos, mientras que en una tendencia bajista se dibuja conectando los máximos más bajos. Una ruptura de la línea de tendencia puede indicar un posible cambio de dirección en el mercado.

9.2.3 Indicadores de Momentum

Los indicadores de momentum, como el Índice de Fuerza Relativa (RSI) y el Estocástico, pueden ayudarte a identificar cuándo una tendencia está perdiendo fuerza y es probable que ocurra un cambio. Estos indicadores miden la velocidad y magnitud del movimiento de los precios, proporcionando señales sobre si un activo está sobrecomprado o sobrevendido.

9.3 Fases de una Tendencia

Todas las tendencias siguen un ciclo típico que consta de varias fases. Comprender estas fases es crucial para maximizar las oportunidades y minimizar los riesgos.

9.3.1 Fase de Acumulación

La fase de acumulación suele ocurrir al final de una tendencia bajista, cuando los traders institucionales y otros inversores de largo plazo comienzan a comprar el activo en anticipación de un cambio de tendencia. Durante esta fase, los precios tienden a moverse en un rango estrecho, con una ligera inclinación alcista.

9.3.2 Fase de Expansión

La fase de expansión es cuando la tendencia alcista realmente comienza a ganar impulso. Aquí, los precios comienzan a subir de manera constante, atrayendo a más inversores. Esta es la fase en la que los traders buscan aprovechar las oportunidades de compra y montar la ola ascendente.

9.3.3 Fase de Distribución

Al final de una tendencia alcista, los precios comienzan a estabilizarse a medida que los inversores institucionales comienzan a vender sus posiciones y tomar ganancias. Esta fase a menudo precede a una tendencia bajista, y es crucial estar atento a los signos de una reversión.

9.4 Operando con Tendencias

Operar con la tendencia puede parecer sencillo en teoría, pero en la práctica, implica una gran disciplina y paciencia. Los traders exitosos siguen la regla fundamental de "la tendencia es tu amiga", lo que significa que prefieren operar en la dirección de la tendencia predominante en lugar de ir en contra de ella.

9.4.1 Estrategias para Operar en Tendencias Alcistas

En una tendencia alcista, los traders buscan oportunidades de compra en retrocesos o correcciones temporales. Identificar niveles clave de soporte, como los mínimos anteriores o niveles de Fibonacci, puede ser útil para determinar puntos de entrada favorables. Las medias móviles también pueden actuar como una guía para encontrar áreas de soporte dinámico.

9.4.2 Estrategias para Operar en Tendencias Bajistas

En una tendencia bajista, la clave es identificar puntos de entrada para posiciones cortas. Al igual que en las tendencias alcistas, los retrocesos juegan un papel importante, y los traders buscarán vender en niveles de resistencia clave. Los patrones de reversión, como las formaciones de hombro-cabeza-hombro, también pueden ofrecer señales de que la tendencia está a punto de reanudar su dirección a la baja.

9.4.3 Evitar las Trampas de Mercado

Es fundamental estar atento a las trampas de mercado, que son rupturas falsas de niveles clave que pueden engañar a los traders haciéndoles creer que la tendencia está cambiando cuando no es así. Utilizar múltiples indicadores para confirmar la dirección de la tendencia y evitar el uso excesivo de apalancamiento puede ayudar a mitigar este riesgo.

9.5 Reflexión Final

El análisis de tendencias es una herramienta poderosa en el arsenal de cualquier trader técnico. Saber identificar, seguir y operar en función de las tendencias te proporciona una ventaja significativa en los mercados financieros. Sin embargo, ninguna tendencia dura para siempre, por lo que es vital mantenerse flexible y estar dispuesto a adaptarse cuando las condiciones del mercado cambian. La clave está en operar de manera disciplinada, siempre en la dirección de la tendencia predominante, y evitar el impulso de predecir cambios repentinos en el mercado.

PARTE 2. OPERATIVA

"Sólo hay un lado del mercado, y no es el lado alcista ni el lado bajista, sino el lado correcto." - Jesse Livermore

CAPÍTULO 11

INTRODUCCIÓN A LA OPERATIVA

LA OPERATIVA en el trading constituye el corazón de la actividad financiera. Si bien el análisis técnico proporciona las herramientas necesarias para identificar oportunidades, es en la operativa donde se decide la acción concreta: cuándo entrar, cuándo salir y cómo gestionar la posición. Este capítulo tiene como objetivo introducir los principios fundamentales de la operativa, que nos permitirán llevar a cabo nuestras decisiones de trading con confianza y precisión.

La operativa no se trata solo de pulsar un botón para comprar o vender un activo. Es un proceso estructurado que abarca la planificación, ejecución y gestión de cada operación. Un trader disciplinado entiende que cada movimiento en el mercado debe estar respaldado por un análisis sólido y una estrategia bien definida. Aquí radica la diferencia entre el éxito y el fracaso en los mercados financieros.

10.1 Preparación y Planificación

Antes de colocar cualquier operación en el mercado, es esencial contar con un plan de trading claro. La planificación es la clave para minimizar errores y evitar decisiones impulsivas. En esta fase, el trader debe establecer con precisión los siguientes elementos:

• **Estrategia de entrada**: Definir bajo qué condiciones se considerará una entrada en el mercado. Esto puede basarse en indicadores técnicos, patrones gráficos, o una combinación de ambos. La clave es saber exactamente qué señales buscar.

• **Gestión del riesgo**: Establecer el tamaño de la posición que se va a tomar y el nivel de riesgo aceptable. Un buen plan siempre incluye un límite de pérdidas (stop loss) que protegerá la cuenta ante movimientos adversos.

• **Objetivos de beneficios**: Determinar el objetivo de beneficio de la operación (take profit). Tener un objetivo claro permite gestionar las expectativas y asegura que no se dejen correr las pérdidas innecesariamente.

10.2 Ejecución de Operaciones

La ejecución de una operación es el momento en el que el plan se lleva a cabo. En este punto, es crucial mantener la calma y evitar que las emociones interfieran con la decisión. La ejecución debe ser rápida y precisa, y siempre debe seguir el plan previamente definido.

Es aquí donde la plataforma de trading cobra importancia. Conocer bien las funcionalidades y atajos de la plataforma es esencial para evitar errores operativos, como colocar órdenes incorrectas o gestionar mal las posiciones.

Al ejecutar una operación, es fundamental estar atentos a:

• **Velocidad de ejecución**: En mercados volátiles, los precios pueden cambiar rápidamente, lo que puede afectar el punto de entrada. Contar con una plataforma rápida y estable reduce el riesgo de slippage (diferencia entre el precio esperado y el precio real de ejecución).

• **Tamaño de la posición**: Asegurarse de que el tamaño de la posición se ajusta a lo establecido en el plan de gestión de riesgo.

10.3 Gestión de la Posición

Una vez abierta la operación, el trabajo no ha terminado. La gestión activa de la posición es crucial para maximizar las ganancias y limitar las pérdidas. Aquí es donde la disciplina y la habilidad para reaccionar ante los movimientos del mercado juegan un papel importante.

Algunos aspectos clave en la gestión de una operación incluyen:

• **Ajuste de stop loss**: A medida que el mercado se mueve a favor de la operación, es recomendable ajustar el stop loss para proteger las ganancias acumuladas. Esto se conoce como "trailing stop" y permite al trader bloquear los beneficios mientras deja que la operación siga su curso si el mercado sigue moviéndose en la dirección correcta.

• **Salidas parciales**: En ocasiones, es ventajoso tomar una parte de los beneficios antes de alcanzar el objetivo final. Esto reduce el riesgo y asegura que parte de la ganancia se materialice, especialmente en mercados volátiles.

• **Revisión de las condiciones del mercado**: Durante la operación, es fundamental seguir revisando las condiciones del mercado. Si las circunstancias cambian y ya no son favorables, puede ser una buena idea cerrar la operación antes de tiempo para evitar mayores pérdidas.

10.4 Psicología en la Operativa

Finalmente, uno de los aspectos más importantes de la operativa es la psicología. Mantener el control emocional es crucial para evitar decisiones impulsivas que puedan dañar el desempeño a largo plazo. La operativa puede ser estresante, y los traders deben estar preparados para manejar tanto las rachas ganadoras como las perdedoras sin dejarse llevar por la euforia o el miedo.

El éxito en el trading no se basa únicamente en el análisis técnico o la estrategia, sino en la capacidad de mantener una mentalidad disciplinada y enfocada en cada operación. Es fundamental aprender a aceptar las pérdidas como parte del proceso y no permitir que una pérdida individual afecte futuras decisiones.

Conclusión del Capítulo 10

La operativa en trading es un arte que combina análisis técnico, gestión del riesgo y control emocional. Un trader exitoso no solo sabe cuándo entrar y salir del mercado, sino que también domina la gestión de sus posiciones y es capaz de mantener la calma bajo presión. Con la práctica, este conjunto de habilidades se convierte en la base para construir una carrera de trading sólida y rentable.

CAPÍTULO 12
CÓMO EJECUTAR OPERACIONES DE TRADING

LA EJECUCIÓN de operaciones es el corazón del trading. No importa cuán bien hayas hecho tu análisis, cuántas horas hayas dedicado a estudiar el mercado o qué tan bueno sea tu plan de trading; si no ejecutas las operaciones correctamente, todo ese esfuerzo será en vano. En este capítulo, nos enfocaremos en cómo ejecutar operaciones de manera efectiva, incluyendo la elección de plataformas y brokers, la planificación de las entradas y salidas, y la optimización de los tiempos de ejecución.

11.1 La Planificación de una Operación

Antes de realizar cualquier operación, es esencial contar con un plan bien estructurado. Este plan debe detallar tus puntos de entrada, tus niveles de stop-loss y take-profit, así como el tamaño de tu posición y tu estrategia de salida. Una buena planificación asegura que no tomes decisiones impulsivas mientras estás en una operación.

El primer paso es **identificar una configuración de trading** que se ajuste a tus criterios. Esto puede basarse en patrones técnicos, indicadores, niveles de soporte y resistencia o cualquier otra herramienta que utilices en tu análisis. Una vez que hayas identificado una oportunidad, es momento de establecer los siguientes parámetros clave:

• **Punto de entrada**: El nivel exacto al cual piensas ejecutar la operación.

• **Nivel de stop-loss**: Este es el nivel en el cual cerrarás la operación si el mercado se mueve en tu contra. Un stop-loss bien colocado es crucial para gestionar el riesgo.

• **Nivel de take-profit**: El nivel en el que cerrarás la operación para asegurar tus beneficios. Establecer un take-profit ayuda a evitar que la codicia te lleve a mantener una operación abierta demasiado tiempo.

• **Tamaño de la posición**: La cantidad de capital que estás dispuesto a arriesgar en la operación.

El **ratio riesgo/beneficio** debe ser favorable antes de iniciar cualquier operación. Idealmente, deberías apuntar a una relación de al menos 1:2, lo que significa que por cada unidad de riesgo, deberías esperar ganar al menos el doble.

11.2 Elección de Plataformas y Brokers

La plataforma y el broker que elijas para realizar tus operaciones tendrán un impacto directo en tu rendimiento. Hoy en día, existen diversas plataformas con características que pueden mejorar tu experiencia de trading. A continuación, revisamos algunos puntos clave que debes considerar al elegir una plataforma de trading:

11.2.1 Facilidad de Uso

Una plataforma intuitiva y fácil de usar es esencial, especialmente si eres nuevo en el trading. La interfaz debe permitirte ejecutar operaciones de manera rápida y eficiente, con herramientas que te ayuden a monitorizar el mercado y tus posiciones. Muchas plataformas también ofrecen cuentas demo para que puedas practicar sin arriesgar capital real.

11.2.2 Velocidad de Ejecución

En mercados volátiles, la velocidad de ejecución es crítica. Un retraso de apenas unos segundos puede significar la diferencia entre una operación rentable y una pérdida. Asegúrate de que el broker ofrezca ejecuciones rápidas y confiables, especialmente si haces trading intradía o scalping.

11.2.3 Costos de Operación

Cada vez que abres una operación, incurres en costos. Estos pueden ser comisiones, spreads o cargos por el uso de la plataforma. Es importante entender los costos asociados con cada operación y compararlos entre diferentes brokers. Los spreads bajos son esenciales para traders activos, ya que incluso pequeñas diferencias pueden sumar con el tiempo.

11.2.4 Regulación y Seguridad

Siempre es recomendable operar con brokers regulados. La regulación proporciona una capa adicional de seguridad para tu capital y asegura que el broker sigue prácticas comerciales transparentes y justas. Asegúrate de verificar que el broker esté registrado con los reguladores financieros pertinentes en su país de origen.

11.3 Tipos de Órdenes y su Aplicación

El uso de órdenes es una parte esencial de la ejecución de operaciones. A continuación, revisaremos algunos de los tipos de órdenes más comunes y cuándo utilizarlos:

11.3.1 Orden de Mercado

Una orden de mercado ejecuta una operación inmediatamente al mejor precio disponible en ese momento. Este tipo de orden se utiliza cuando el trader desea entrar o salir de una posición rápidamente, sin importar pequeñas variaciones en el precio.

Ventaja: Te garantiza que tu orden se ejecutará rápidamente.

Desventaja: No puedes controlar exactamente el precio al cual se ejecutará la operación, especialmente en momentos de alta volatilidad.

11.3.2 Orden Limitada

Una orden limitada te permite establecer un precio específico al cual deseas que se ejecute la operación. Solo se ejecutará si el mercado alcanza ese precio. Este tipo de orden es útil cuando quieres asegurarte de no pagar más de un precio determinado para una compra o de vender a un precio más alto en una venta.

Ventaja: Mayor control sobre el precio de entrada o salida.

Desventaja: No se garantiza que la orden se ejecute si el precio no alcanza tu límite.

11.3.3 Stop-Loss y Take-Profit

Un stop-loss es una orden automática que cierra tu operación si el mercado se mueve en tu contra hasta un determinado nivel. Es fundamental para gestionar el riesgo y limitar las pérdidas. Por otro lado, el take-profit cierra tu operación cuando el mercado alcanza el nivel de beneficios que has predeterminado.

Ventaja: Te permite gestionar el riesgo automáticamente sin tener que monitorizar constantemente el mercado.

Desventaja: En momentos de volatilidad, un stop-loss puede activarse debido a oscilaciones momentáneas, cerrando la operación antes de que el mercado se mueva a tu favor.

11.4 Gestión del Tiempo en las Operaciones

El momento en que abres y cierras una operación es crucial. El timing no solo depende del análisis técnico, sino también del comportamiento del mercado y de la naturaleza del activo con el que estás operando. Algunos consejos clave para gestionar el tiempo en tus operaciones incluyen:

• **Evitar las horas de alta volatilidad**, a menos que tu estrategia esté diseñada para aprovecharla.

• **Estar consciente de los eventos económicos** importantes, como anuncios de tasas de interés o informes de empleo, que pueden generar movimientos bruscos en los precios.

• **No mantener posiciones por más tiempo del necesario**. Una vez que se alcanza tu objetivo de take-profit o tu stop-loss, acepta el resultado y no intentes "forzar" más ganancias.

Conclusión del Capítulo 11

La ejecución de operaciones es el puente entre la teoría del análisis técnico y la práctica del trading real. Tener un plan claro, usar las herramientas y plataformas adecuadas, y ser consciente del tiempo son factores esenciales para garantizar el éxito en tus operaciones. Con una estrategia bien definida y una ejecución disciplinada, estarás en una posición mucho mejor para gestionar el riesgo y capturar oportunidades rentables en el mercado.

CAPÍTULO 13

OPERAR CON TENDENCIAS VS. CONTRA TENDENCIAS

UNO DE LOS aspectos clave del trading es determinar si operar a favor de la tendencia predominante o en contra de ella. Ambas estrategias tienen sus ventajas y desventajas, y cada una puede ser adecuada en diferentes circunstancias. En este capítulo, exploraremos las diferencias entre operar con tendencias y operar en contra de ellas, y te proporcionaremos estrategias para maximizar las oportunidades en ambos enfoques.

12.1 Operar con la Tendencia

El concepto más popular en el trading es "la tendencia es tu amiga". Operar con la tendencia significa realizar operaciones a favor de la dirección predominante del mercado. En una tendencia alcista, esto implicaría comprar, mientras que en una tendencia bajista, buscarías vender o entrar en posiciones cortas. Operar con la tendencia es considerado más seguro y estadísticamente más favorable, ya que te alineas con la fuerza principal del mercado.

12.1.1 Identificación de la Tendencia

Antes de operar con la tendencia, es fundamental poder identificarla correctamente. Aquí hay algunos métodos clave para identificar la tendencia predominante:

- **Medias Móviles**: Las medias móviles son una herramienta popular para identificar la dirección de la tendencia. Si el precio está por encima de una media móvil, la tendencia es alcista, mientras que si está por debajo, la tendencia es bajista.

• **Líneas de Tendencia**: Trazar líneas de tendencia es una técnica clásica que te permite visualizar la dirección general del mercado. En una tendencia alcista, los mínimos consecutivos tienden a ser más altos, y en una tendencia bajista, los máximos consecutivos tienden a ser más bajos.

• **Patrones de Gráficos**: Patrones como el hombro-cabeza-hombro o los triángulos pueden indicar el final o la continuación de una tendencia, ayudándote a decidir cuándo entrar o salir de una operación.

12.1.2 Ventajas de Operar con la Tendencia

• **Probabilidades a Favor**: Operar con la tendencia te coloca en una situación en la que las probabilidades están a tu favor, ya que te alineas con la dirección predominante del mercado.

• **Menor Estrés Operativo**: Al operar en la misma dirección que la tendencia, es menos probable que enfrentes movimientos violentos en contra de tu posición, lo que reduce el estrés operativo.

• **Recompensas Más Consistentes**: Las tendencias tienden a durar más tiempo que las correcciones o las consolidaciones, lo que te ofrece una mayor oportunidad para obtener beneficios consistentes.

12.1.3 Estrategias para Operar con la Tendencia

• **Pullbacks**: Una estrategia efectiva es esperar a que el precio retroceda o haga un pullback hacia un nivel de soporte o resistencia dentro de la tendencia. Una vez que el retroceso parece haber terminado, puedes entrar en la dirección de la tendencia.

• **Rotura de Resistencia/Soporte**: Otro enfoque es esperar a que el precio rompa un nivel de resistencia en una tendencia alcista o un nivel de soporte en una tendencia bajista. Estas roturas suelen indicar la continuación de la tendencia.

12.2 Operar Contra la Tendencia

Operar en contra de la tendencia implica tomar posiciones

opuestas a la dirección predominante del mercado. Es una estrategia más arriesgada y desafiante, pero también puede ser muy rentable si se ejecuta correctamente. Los traders que operan en contra de la tendencia buscan capturar movimientos de corrección o reversión, lo que puede ofrecer grandes recompensas si se identifica el momento adecuado.

12.2.1 Identificación de Oportunidades de Contra-Tendencia

Operar en contra de la tendencia requiere habilidades precisas para identificar cuándo es probable que ocurra una corrección o una reversión. Algunas señales clave para identificar estas oportunidades son:

• **Patrones de Reversión**: Los patrones de gráficos como el hombro-cabeza-hombro, los dobles techos y los dobles suelos son indicativos de una posible reversión de la tendencia. Estos patrones sugieren que la tendencia está perdiendo fuerza y que puede haber un cambio en la dirección.

• **Divergencias en Indicadores**: Las divergencias entre el precio y los indicadores técnicos, como el RSI o el MACD, pueden ser una señal de que la tendencia actual está perdiendo impulso. Una divergencia ocurre cuando el precio continúa en una dirección, pero el indicador sugiere lo contrario.

• **Niveles de Sobrecompra y Sobreventa**: Los niveles de sobrecompra o sobreventa en indicadores como el RSI pueden indicar que el mercado está demasiado extendido en una dirección y que es probable que se produzca una corrección.

12.2.2 Ventajas de Operar Contra la Tendencia

• **Oportunidades de Alta Recompensa**: Aunque es más arriesgado, operar en contra de la tendencia puede ofrecer grandes recompensas si logras identificar correctamente el cambio de dirección.

• **Correcciones Fuertes**: Las correcciones o reversiones tienden a ser rápidas y abruptas, lo que significa que puedes capturar un movimiento significativo en un corto período de tiempo.

12.2.3 Estrategias para Operar Contra la Tendencia

• **Esperar a la Confirmación de la Reversión**: Es crucial esperar a la confirmación de que la tendencia realmente está cambiando antes de entrar en una operación contra la tendencia. Utilizar patrones de gráficos y divergencias de indicadores puede ayudarte a obtener esta confirmación.

• **Entrar en Correcciones**: No es necesario esperar a que una tendencia termine para operar en contra de ella. Puedes buscar correcciones dentro de la tendencia principal y aprovechar esos movimientos temporales en la dirección opuesta.

12.3 Comparación: Tendencias vs. Contra Tendencias

Operar con tendencias y operar contra tendencias son enfoques opuestos, pero ambos tienen su lugar en el arsenal de un trader. La clave está en identificar cuándo es más apropiado usar cada uno.

• **Seguridad vs. Riesgo**: Operar con la tendencia es generalmente más seguro y conlleva menos riesgos, ya que te alineas con la dirección predominante del mercado. Operar en contra de la tendencia, por otro lado, es más arriesgado y requiere una mayor habilidad y precisión.

• **Frecuencia de Oportunidades**: Las oportunidades para operar con la tendencia tienden a ser más frecuentes, ya que las tendencias suelen durar más tiempo. Las oportunidades de contra-tendencia son menos comunes, pero pueden ofrecer grandes recompensas cuando ocurren.

• **Perfil de Trader**: Si prefieres una estrategia más conservadora y disciplinada, es probable que operar con la tendencia sea más adecuado para ti. Si te sientes cómodo asumiendo más riesgos y eres capaz de identificar cambios en el mercado con precisión, las operaciones contra-tendencia pueden ser una opción emocionante.

Conclusión del Capítulo 12

Tanto las estrategias de operar con la tendencia como las de operar en contra de la tendencia tienen sus méritos. La clave está en aprender a identificar la situación correcta para cada enfoque y utilizar las herramientas adecuadas para maximizar tus probabilidades de éxito. A medida que desarrolles tu experiencia y conocimientos en el trading, podrás combinar ambas estrategias de manera efectiva, ajustándote a las condiciones del mercado.

CAPÍTULO 14

ESTRATEGIAS DE TRADING INTRADÍA

EL TRADING INTRADÍA, también conocido como day trading, implica la compra y venta de activos financieros dentro de un mismo día de operaciones. A diferencia de los traders que mantienen posiciones durante días, semanas o incluso meses, los traders intradía cierran todas sus posiciones antes de que termine la sesión de mercado. Este enfoque es dinámico y requiere precisión, disciplina y el uso de estrategias específicas para capitalizar en movimientos rápidos del mercado. En este capítulo, exploraremos varias estrategias clave para el trading intradía, sus beneficios, riesgos y cómo implementarlas correctamente.

13.1 Introducción al Trading Intradía

El trading intradía atrae a aquellos traders que prefieren movimientos rápidos y la oportunidad de obtener beneficios en un solo día. Este estilo de trading requiere una comprensión sólida del análisis técnico, ya que las decisiones se toman en función de patrones de precios y volúmenes que se desarrollan en el corto plazo. A diferencia del swing trading o el trading de largo plazo, los traders intradía no están preocupados por los movimientos a largo plazo del mercado, sino por los cambios que ocurren en minutos o horas.

13.1.1 Ventajas del Trading Intradía

• **Liquidez y Flexibilidad**: Los traders intradía pueden aprovechar la volatilidad diaria del mercado sin preocuparse por mantener posiciones abiertas durante la noche. Esto les proporciona flexibilidad para cerrar todas sus posiciones antes de que termine el día.

• **Sin Riesgo Nocturno**: Una de las principales ventajas del trading intradía es que no existen riesgos asociados con movimientos impredecibles durante la noche o eventos externos que puedan afectar los mercados.

• **Oportunidades Diarias**: Todos los días surgen nuevas oportunidades de trading intradía, lo que permite a los traders entrar y salir del mercado con frecuencia.

13.1.2 Desventajas del Trading Intradía

• **Estrés y Emoción**: El trading intradía puede ser emocionalmente agotador. La velocidad con la que los precios cambian y la necesidad de tomar decisiones rápidas puede generar altos niveles de estrés.

• **Requiere Monitoreo Constante**: Para tener éxito en el trading intradía, es necesario vigilar continuamente los gráficos y las cotizaciones de precios, lo que puede requerir mucho tiempo y esfuerzo.

• **Costos de Transacción**: Dado que el trading intradía implica abrir y cerrar muchas posiciones en un solo día, las comisiones y los costos de transacción pueden acumularse rápidamente y reducir las ganancias netas.

13.2 Estrategias Básicas para el Trading Intradía

Existen múltiples estrategias de trading intradía, cada una de las cuales depende de la identificación de oportunidades en marcos temporales más cortos. A continuación, describimos algunas de las estrategias más utilizadas en el day trading.

13.2.1 Scalping

El scalping es una estrategia de trading intradía que se centra en aprovechar pequeñas fluctuaciones de precios. Los scalpers abren y cierran posiciones en cuestión de minutos o incluso segundos, buscando obtener beneficios marginales que, al acumularse, pueden ser significativos. Aunque las ganancias por operación son pequeñas, el gran número de operaciones realizadas puede generar una rentabilidad considerable.

• **Ventajas**: Rápido y efectivo para aprovechar pequeños movimientos en el precio.

• **Desventajas**: Requiere mucha atención y un monitoreo constante, así como bajas comisiones para que sea rentable.

13.2.2 Operaciones de Ruptura (Breakout Trading)

Esta estrategia consiste en identificar puntos clave donde el precio de un activo rompe un nivel de soporte o resistencia. Los traders de rupturas buscan entrar al mercado justo después de que el precio haya atravesado uno de estos niveles clave, ya que suele indicar un fuerte movimiento en la dirección de la ruptura.

• **Ventajas**: Ofrece oportunidades para capturar grandes movimientos tras la ruptura de un nivel importante.

• **Desventajas**: Los falsos rompimientos pueden llevar a pérdidas si el precio no sigue su curso después de la ruptura inicial.

13.2.3 Operaciones con Tendencia

Esta estrategia implica identificar una tendencia y operar en su dirección, aprovechando los movimientos intradía que se alinean con la dirección de la tendencia más amplia. A menudo, los traders buscan entrar en una operación tras un pequeño retroceso dentro de una tendencia más grande.

• **Ventajas**: Se alinea con la dirección predominante del mercado, lo que reduce las probabilidades de operaciones perdedoras.

• **Desventajas**: Si la tendencia se agota o revierte, las pérdidas pueden ser rápidas.

13.3 Herramientas para el Trading Intradía

El éxito en el trading intradía depende en gran medida del uso efectivo de las herramientas de análisis técnico. Algunas de las herramientas clave que se utilizan en el day trading son:

13.3.1 Gráficos de Velas Japonesas

Los gráficos de velas japonesas proporcionan información detallada sobre el comportamiento del precio en un marco temporal determinado. Las velas muestran los máximos, mínimos, apertura y cierre de un activo durante un período específico, lo que permite a los traders identificar patrones de reversión y continuación.

13.3.2 Medias Móviles

Las medias móviles, ya sean simples (SMA) o exponenciales (EMA), son herramientas esenciales para suavizar el precio y observar tendencias a corto plazo. Muchos traders intradía utilizan cruces de medias móviles para generar señales de compra o venta.

13.3.3 Indicadores de Volumen

El volumen es un indicador clave en el trading intradía, ya que indica la fuerza detrás de los movimientos del precio. Los traders prestan atención a los picos de volumen para confirmar la validez de una ruptura o un cambio de tendencia.

13.3.4 RSI y MACD

El Índice de Fuerza Relativa (RSI) y la Convergencia/Divergencia de Medias Móviles (MACD) son indicadores populares que se utilizan para detectar la sobrecompra, sobreventa y el impulso del mercado. Estos indicadores ayudan a los traders a identificar posibles puntos de entrada y salida.

13.4 Factores a Considerar en el Trading Intradía

El trading intradía implica una serie de factores adicionales que deben ser considerados antes de ejecutar operaciones:

13.4.1 Gestión del Tiempo

El trading intradía requiere un enfoque riguroso en la gestión del tiempo. Los traders deben elegir los momentos adecuados para operar, como las horas en las que el mercado es más volátil y ofrece mejores oportunidades.

13.4.2 Gestión del Riesgo

Debido a la naturaleza rápida del trading intradía, la gestión del riesgo es fundamental. Es esencial establecer límites claros para las pérdidas (stop-loss) y las ganancias (take-profit) para cada operación.

13.4.3 Control Emocional

El control de las emociones es crucial para los traders intradía.

Dado que el trading en marcos temporales cortos puede ser estresante, es importante mantener la disciplina y evitar decisiones impulsivas.

13.5 Estrategias Avanzadas para Traders Intradía Experimentados

Los traders intradía experimentados a menudo emplean estrategias más sofisticadas para aumentar su efectividad:

13.5.1 Trading con Niveles de Fibonacci

Los retrocesos de Fibonacci pueden utilizarse en el trading intradía para identificar posibles niveles de soporte y resistencia. Los traders pueden buscar oportunidades de entrada en los niveles de retroceso clave, como el 38.2%, 50% o 61.8%.

13.5.2 Estrategias de Correlación

Algunos traders avanzados buscan correlaciones entre diferentes activos. Por ejemplo, pueden identificar cómo se comporta un par de divisas en relación con una materia prima y aprovechar esos patrones correlativos para generar oportunidades de trading.

13.5.3 Trading con Múltiples Marcos Temporales

Utilizar múltiples marcos temporales permite a los traders ver la tendencia general en un marco más amplio (por ejemplo, gráfico de una hora) mientras encuentran puntos de entrada específicos en un marco más corto (por ejemplo, gráfico de 5 minutos).

Conclusión del Capítulo 13

El trading intradía ofrece numerosas oportunidades para capitalizar sobre los movimientos rápidos del mercado. Sin embargo, requiere un enfoque disciplinado, una gestión del riesgo adecuada y el uso de herramientas técnicas para tener éxito. A medida que domines estas estrategias, podrás desarrollar un estilo de trading que se ajuste a tus necesidades y preferencias, permitiéndote aprovechar los movimientos intradía de manera eficiente.

CAPÍTULO 15

SWING TRADING Y TRADING A MEDIO PLAZO

EL SWING trading es una estrategia que se encuentra entre el trading intradía y las inversiones a largo plazo. Los traders que utilizan esta estrategia buscan capturar "swings" o movimientos de precio de varios días a varias semanas. El objetivo es aprovechar las oscilaciones de mercado dentro de una tendencia más amplia, sin tener que supervisar constantemente el mercado como en el trading intradía.

El trading a medio plazo es similar, aunque tiende a implicar posiciones que se mantienen durante semanas o meses. En este capítulo, exploraremos ambas estrategias, sus diferencias clave, y cómo implementarlas correctamente para maximizar las oportunidades de obtener beneficios.

14.1 Introducción al Swing Trading

El swing trading es ideal para aquellos traders que no pueden, o no desean, estar constantemente monitoreando el mercado. A diferencia del trading intradía, el swing trading permite mantener posiciones abiertas durante varios días, permitiendo a los traders capitalizar sobre los movimientos más amplios del mercado. Los swing traders se enfocan en identificar la dirección de la tendencia y buscan entrar en operaciones cuando hay retrocesos dentro de esa tendencia, esperando que el precio retome su curso original.

14.1.1 Ventajas del Swing Trading

• **Menor Supervisión**: A diferencia del trading intradía, el swing trading no requiere una supervisión constante, lo que permite mayor flexibilidad para traders que no pueden estar todo el día frente a la pantalla.

• **Beneficio de Tendencias Más Largas**: Esta estrategia permite a los traders capturar movimientos significativos del mercado sin preocuparse por las fluctuaciones intradía.

• **Menos Estrés**: Dado que las posiciones se mantienen durante días o semanas, los swing traders no están tan sujetos a la volatilidad y los movimientos rápidos que afectan a los traders intradía.

14.1.2 Desventajas del Swing Trading

• **Riesgo de Gaps de Precio**: Los swing traders pueden verse afectados por eventos o noticias que ocurren fuera del horario de mercado, lo que puede causar grandes movimientos de precio en la apertura del siguiente día, conocidos como "gaps".

• **Paciencia y Timing**: A menudo es necesario esperar más tiempo para que una operación swing llegue a su objetivo, lo que requiere paciencia. Entrar demasiado temprano o demasiado tarde en una operación puede reducir la rentabilidad.

14.2 Estrategias de Swing Trading

El swing trading se basa en identificar retrocesos y puntos de giro dentro de una tendencia. Algunas de las estrategias más comunes incluyen:

14.2.1 Operar con la Tendencia

Esta es la estrategia más común en el swing trading. Los traders buscan tendencias fuertes y esperan un retroceso o una consolidación antes de entrar en una operación. Los retrocesos ofrecen oportunidades para entrar en el mercado con un precio más favorable, aprovechando la continuación de la tendencia original.

• **Identificación de la Tendencia**: Los swing traders usan herramientas como medias móviles, líneas de tendencia y gráficos de velas para identificar la dirección general del mercado.

• **Entrada en Retrocesos**: Los retrocesos dentro de una tendencia son puntos clave donde los traders pueden buscar entrar. Los retrocesos de Fibonacci y otros indicadores pueden ayudar a identificar puntos potenciales de reversión.

14.2.2 Operar Contra la Tendencia

Aunque es más arriesgado, algunos traders prefieren operar en contra de la tendencia cuando identifican un movimiento exagerado. Esta estrategia implica anticipar un cambio en la dirección de la tendencia antes de que ocurra.

• **Divergencia en Indicadores**: Los traders que operan contra la tendencia suelen buscar divergencias en indicadores técnicos como el RSI o el MACD, que pueden señalar que el precio se está agotando y que es probable que ocurra una reversión.

• **Niveles de Soporte y Resistencia**: Identificar niveles clave donde el precio ha rebotado anteriormente puede ser útil para detectar puntos en los que es probable que se produzca una reversión.

14.2.3 Swing Trading Basado en Rupturas

Los swing traders también pueden buscar rupturas de niveles clave de soporte o resistencia. Una ruptura fuerte puede indicar el comienzo de un movimiento de tendencia más amplio, lo que ofrece una oportunidad de obtener beneficios.

• **Confirmación del Volumen**: El volumen es una herramienta importante en el trading basado en rupturas. Las rupturas que ocurren con un volumen alto son más propensas a continuar, mientras que las rupturas con bajo volumen pueden ser falsas señales.

14.3 Herramientas y Análisis para Swing Trading

El análisis técnico es fundamental para el swing trading, ya que permite identificar patrones de precios y tendencias clave. Algunas de las herramientas más útiles incluyen:

14.3.1 Medias Móviles

Las medias móviles son herramientas comunes utilizadas por los traders de swing para identificar la dirección de la tendencia y puntos de entrada. Una media móvil simple de 50 o 100 días puede ayudar a determinar la tendencia general, mientras que las medias móviles más cortas, como la de 20 días, pueden usarse para identificar puntos de retroceso.

14.3.2 Indicadores de Volatilidad

Los indicadores de volatilidad, como las Bandas de Bollinger, ayudan a los traders a determinar cuándo el mercado está en una fase de sobrecompra o sobreventa. Esto puede proporcionar señales valiosas sobre cuándo el precio puede estar listo para retroceder o avanzar.

14.3.3 Niveles de Fibonacci

El uso de los retrocesos de Fibonacci es una de las técnicas favoritas entre los swing traders para identificar posibles puntos de entrada y salida. Los niveles clave, como el 38.2%, 50% y 61.8%, son observados de cerca para determinar los puntos de retroceso más probables en una tendencia.

14.4 Trading a Medio Plazo

El trading a medio plazo es similar al swing trading, pero con una duración más extendida de las operaciones. Los traders a medio plazo buscan capturar movimientos más grandes en el mercado y pueden mantener sus posiciones abiertas durante varias semanas o meses.

14.4.1 Ventajas del Trading a Medio Plazo

• **Menor Estrés y Supervisión**: Al igual que en el swing trading, el trading a medio plazo no requiere una supervisión constante. Los traders pueden analizar el mercado y ejecutar operaciones en función de tendencias más amplias.

• **Aprovechamiento de Movimientos Más Amplios**: Esta estrategia permite a los traders beneficiarse de las tendencias macroeconómicas y de mercado más amplias, que pueden durar semanas o meses.

14.4.2 Desventajas del Trading a Medio Plazo

• **Mayor Exposición al Riesgo**: Mantener posiciones durante semanas o meses expone a los traders a riesgos imprevistos, como eventos macroeconómicos importantes, cambios en las políticas gubernamentales o choques en los mercados.

• **Inmovilización de Capital**: El trading a medio plazo inmoviliza el capital durante largos períodos, lo que significa que el trader debe esperar más tiempo para obtener beneficios y no puede mover ese capital fácilmente a otras oportunidades.

14.5 Estrategias Comunes de Trading a Medio Plazo

14.5.1 Seguir las Tendencias a Largo Plazo

Los traders a medio plazo identifican tendencias macroeconómicas y buscan entrar en operaciones cuando creen que hay un impulso a largo plazo. Utilizan gráficos semanales y diarios para identificar estas tendencias más grandes y entrar en momentos clave de retroceso.

14.5.2 Operar en Rango

Cuando un activo oscila dentro de un rango de precios claramente definido, los traders a medio plazo pueden operar comprando cerca del soporte y vendiendo cerca de la resistencia, aprovechando los movimientos de retroceso dentro del rango.

Conclusión del Capítulo 14

El swing trading y el trading a medio plazo ofrecen enfoques más relajados y estratégicos en comparación con el frenético mundo del trading intradía. Ambos enfoques permiten a los traders capturar movimientos de mercado más amplios, pero requieren paciencia, análisis técnico detallado y una comprensión clara de las tendencias y los retrocesos. A medida que avances en tu conocimiento del swing trading y el trading a medio plazo, aprenderás a identificar oportunidades para capitalizar en movimientos más prolongados y beneficiarte de las oscilaciones del mercado.

CAPÍTULO 16
SCALPING Y TRADING DE ALTA FRECUENCIA

EL SCALPING ES una estrategia de trading altamente especializada que busca capitalizar pequeñas fluctuaciones de precio en períodos de tiempo muy cortos. Los traders que utilizan el scalping buscan realizar múltiples operaciones a lo largo del día, extrayendo pequeñas ganancias en cada una de ellas. El trading de alta frecuencia, por otro lado, es una forma aún más rápida y automatizada de trading, en la que algoritmos ejecutan miles de operaciones en cuestión de segundos, aprovechando diferencias minúsculas en el precio.

En este capítulo, exploraremos ambas estrategias, sus ventajas, desventajas, y cómo implementarlas de manera efectiva. Estas estrategias requieren una disciplina férrea, una gran rapidez en la toma de decisiones, y herramientas tecnológicas avanzadas.

15.1 ¿Qué es el Scalping?

El scalping es una estrategia de trading intradía que se basa en la ejecución rápida de operaciones para obtener pequeñas ganancias de manera consistente. El objetivo del scalper es realizar docenas, o incluso cientos, de operaciones en un solo día, aprovechando pequeños movimientos en el precio que pueden durar solo unos segundos o minutos.

El scalping es una estrategia que requiere rapidez mental, capacidad para actuar bajo presión y acceso a una plataforma de trading que permita la ejecución rápida de órdenes. En muchos casos, los scalpers buscan aprovechar la volatilidad intradía, entrando y saliendo de posiciones con gran rapidez.

15.1.1 Ventajas del Scalping

• **Reducción del Riesgo por Posición**: Dado que las operaciones duran solo unos minutos, el scalping reduce el riesgo de que eventos externos inesperados afecten el mercado mientras tienes una posición abierta.

• **Elevada Frecuencia de Oportunidades**: Los scalpers encuentran oportunidades constantemente durante el día, lo que significa que no necesitan esperar largas horas para detectar una buena oportunidad de trading.

• **Control Completo sobre las Operaciones**: A diferencia de otras estrategias que pueden dejar posiciones abiertas durante días o semanas, el scalping permite a los traders tener control total de sus operaciones en todo momento.

15.1.2 Desventajas del Scalping

• **Alta Demanda de Concentración**: El scalping requiere un enfoque absoluto. El trader debe estar constantemente atento a las fluctuaciones del mercado, lo que puede ser agotador mental y físicamente.

• **Costos de Transacción Elevados**: Dado que los scalpers realizan muchas operaciones en un solo día, los costos de transacción pueden acumularse rápidamente. Esto significa que una pequeña ganancia puede desaparecer debido a las comisiones.

• **Necesidad de Velocidad**: Para que el scalping sea efectivo, es necesario contar con una plataforma de trading rápida y fiable. Un retraso en la ejecución de órdenes puede significar la diferencia entre una operación ganadora y una perdedora.

15.2 Estrategias de Scalping

Existen varias estrategias que los scalpers emplean para maximizar sus oportunidades de obtener ganancias. A continuación, exploramos algunas de las más comunes:

15.2.1 Operar en Rango

Una de las estrategias más comunes en el scalping es aprovechar los rangos de precios estrechos. Los scalpers buscan niveles clave de soporte y resistencia y compran en el soporte para vender en la resistencia, o viceversa.

• **Niveles de Soporte y Resistencia**: Utilizando herramientas de análisis técnico como medias móviles o líneas de tendencia, los scalpers identifican niveles de soporte y resistencia en gráficos de un minuto o cinco minutos.

• **Entradas y Salidas Rápidas**: Los scalpers buscan entrar justo cuando el precio rebota en el soporte o se detiene en la resistencia, capturando una pequeña ganancia antes de salir rápidamente.

15.2.2 Scalping Basado en Tendencias

Los scalpers también pueden buscar aprovecharse de tendencias intradía. Esta estrategia implica identificar una tendencia fuerte y tomar múltiples posiciones a favor de la tendencia a medida que se desarrolla.

• **Medias Móviles**: Las medias móviles a corto plazo, como las de 5 o 10 periodos, son herramientas útiles para los scalpers que operan en tendencia. Cuando la media móvil más corta cruza por encima de la más larga, esto puede señalar una oportunidad para entrar en una operación a favor de la tendencia.

• **Seguimiento de Impulsos**: Los scalpers buscan movimientos rápidos e impulsivos dentro de una tendencia, tomando posiciones rápidas y saliendo antes de que el impulso pierda fuerza.

15.2.3 Operar con el Volumen

El volumen es una herramienta clave para los scalpers. Un aumento repentino en el volumen puede indicar una mayor probabilidad de un movimiento significativo del precio, ofreciendo oportunidades de scalping.

• **Confirmación con Volumen**: Los scalpers a menudo esperan un aumento en el volumen antes de entrar en una operación. Un volumen alto combinado con un movimiento del precio puede confirmar que el movimiento es fuerte y sostenido.

• **Rupturas con Volumen**: Cuando el precio rompe un nivel clave de soporte o resistencia con un alto volumen, esto puede ser una señal para entrar en una operación a favor de la ruptura.

15.3 ¿Qué es el Trading de Alta Frecuencia?

El trading de alta frecuencia (HFT, por sus siglas en inglés) es una forma de trading completamente automatizada que utiliza algoritmos para ejecutar miles de operaciones en cuestión de milisegundos. Estas operaciones buscan aprovechar pequeñas diferencias de precio entre mercados o productos similares, y aunque las ganancias por operación son diminutas, el volumen masivo de operaciones genera beneficios significativos.

El HFT está dominado por grandes firmas de inversión y traders institucionales que cuentan con la infraestructura tecnológica necesaria para ejecutar este tipo de operaciones. Aunque no es accesible para el trader minorista común, entender el concepto de HFT es importante para comprender cómo operan los grandes actores del mercado.

15.3.1 Características del Trading de Alta Frecuencia

• **Ejecución Ultrarápida**: Las operaciones se ejecutan en milisegundos o incluso microsegundos, aprovechando la velocidad para capturar diferencias minúsculas de precio.

• **Uso de Algoritmos**: El HFT depende de algoritmos que están programados para identificar patrones de mercado y ejecutar órdenes de manera autónoma.

• **Grandes Volúmenes de Operaciones**: Los traders de alta frecuencia ejecutan miles de operaciones en un solo día, aprovechando márgenes de beneficio extremadamente pequeños.

15.4 Riesgos del Scalping y el Trading de Alta Frecuencia

Tanto el scalping como el trading de alta frecuencia presentan riesgos considerables que deben gestionarse adecuadamente para evitar pérdidas significativas.

15.4.1 Riesgo de Ejecución

Dado que el scalping depende de la velocidad de ejecución, cualquier retraso en la ejecución de una orden puede tener un impacto significativo en la rentabilidad de una operación. Un deslizamiento (slippage) inesperado o una ejecución lenta puede convertir una operación ganadora en una perdedora en cuestión de segundos.

15.4.2 Riesgo de Estrés

El scalping, en particular, puede ser mentalmente agotador. Estar constantemente enfocado y tomando decisiones rápidas durante todo el día puede causar estrés significativo, lo que puede llevar a errores o decisiones impulsivas.

15.4.3 Costos de Transacción

Dado el elevado número de operaciones realizadas, los scalpers deben tener en cuenta que los costos de transacción (comisiones y spreads) pueden consumir una parte considerable de sus ganancias. Es fundamental elegir un broker con comisiones bajas y ejecución rápida.

15.5 Herramientas y Plataformas para Scalping

El scalping y el trading de alta frecuencia requieren acceso a herramientas tecnológicas avanzadas para asegurar que las órdenes se ejecuten de manera rápida y precisa. A continuación, se describen algunas de las herramientas más útiles para los traders que utilizan estas estrategias.

15.5.1 Plataformas de Trading Rápidas

Es fundamental contar con una plataforma de trading que permita una ejecución de órdenes rápida y fiable. Algunas plataformas de trading están optimizadas para scalpers y traders de alta frecuencia, con acceso directo a los mercados y tiempos de ejecución ultrarrápidos.

15.5.2 Gráficos en Tiempo Real

Los scalpers dependen de los gráficos en tiempo real para tomar decisiones rápidas sobre la entrada y salida de operaciones. Los gráficos de un minuto o cinco minutos son los más utilizados, ya que permiten un análisis detallado de los movimientos a corto plazo.

15.5.3 Conexiones a Internet de Alta Velocidad

La velocidad es clave en el scalping y el trading de alta frecuencia. Una conexión a Internet de alta velocidad y baja latencia es imprescindible para asegurar que las órdenes se ejecuten de manera oportuna.

Conclusión del Capítulo 15

El scalping y el trading de alta frecuencia son estrategias avanzadas que requieren disciplina, rapidez y acceso a las mejores herramientas tecnológicas. Estas estrategias pueden ser muy lucrativas para los traders que tienen la experiencia y los recursos para implementarlas correctamente, pero también presentan un alto nivel de riesgo debido a la necesidad de decisiones rápidas y la gran cantidad de operaciones.

A medida que avances en tu conocimiento sobre estas estrategias, aprenderás a identificar las oportunidades más favorables para aprovechar las pequeñas fluctuaciones del mercado y convertirlas en ganancias consistentes. Sin embargo, es fundamental estar consciente de los riesgos y gestionar los costos operativos para maximizar la rentabilidad.

CAPÍTULO 17

OPERATIVA EN DIFERENTES MERCADOS

LA OPERATIVA en trading no se limita a un solo mercado. Cada mercado financiero tiene sus particularidades y ofrece diferentes oportunidades y riesgos que deben tenerse en cuenta a la hora de ejecutar estrategias. En este capítulo, exploraremos las características de los principales mercados: Forex, acciones y criptomonedas. Aprenderemos cómo adaptar nuestras estrategias según las especificidades de cada mercado y cómo maximizar nuestras probabilidades de éxito al diversificar nuestras inversiones entre estos distintos activos.

16.1 Operativa en el Mercado de Forex

El mercado Forex, o mercado de divisas, es uno de los más grandes y líquidos del mundo. En Forex, los traders compran y venden pares de divisas, lo que implica la compra de una moneda mientras se vende otra simultáneamente. Este mercado opera las 24 horas del día, cinco días a la semana, lo que lo hace atractivo para traders que buscan flexibilidad y un entorno dinámico.

• **Volatilidad y Liquidez**: Uno de los mayores atractivos de Forex es su elevada liquidez. Esto significa que los traders pueden entrar y salir de operaciones con facilidad, sin preocuparse demasiado por los deslizamientos de precios. Sin embargo, la volatilidad en algunos pares de divisas, especialmente los exóticos, puede ser alta, lo que aumenta tanto las oportunidades como los riesgos.

• **Factores Macro**: El análisis fundamental juega un papel crucial en Forex, ya que las fluctuaciones de las divisas están altamente influenciadas por noticias macroeconómicas, políticas monetarias y eventos geopolíticos. Factores como las tasas de interés, el producto interno bruto (PIB), las decisiones de los bancos centrales y los informes de empleo pueden afectar considerablemente las cotizaciones de las divisas.

• **Estrategias Específicas**: En Forex, las estrategias más comunes incluyen el trading de rompimientos (breakouts), el trading de noticias y el scalping en pares muy líquidos, como el EUR/USD y el GBP/USD. Dada la naturaleza de este mercado, es crucial mantener un enfoque disciplinado y estar al tanto de las noticias económicas.

16.2 Operativa en el Mercado de Acciones

El mercado de acciones es un entorno donde los traders compran y venden participaciones de empresas. A diferencia del mercado Forex, el mercado de acciones está vinculado a los horarios de las bolsas de valores, lo que limita las oportunidades de trading a las horas de mercado.

• **Análisis Fundamental y Técnico**: El análisis fundamental tiene un papel preponderante en la selección de acciones. Factores como los informes trimestrales de las empresas, las proyecciones de ganancias y las novedades sobre la industria pueden influir significativamente en el comportamiento de las acciones. Sin embargo, el análisis técnico es igualmente importante para identificar los mejores momentos para entrar y salir de una operación.

• **Diversificación y Sectores**: Una ventaja del mercado de acciones es la posibilidad de diversificación a través de diferentes sectores económicos. Esto reduce el riesgo asociado con eventos negativos que puedan afectar a una industria en particular. Los traders pueden elegir sectores más defensivos, como bienes de consumo básico o energía, o sectores más cíclicos y volátiles, como tecnología y finanzas.

• **Estrategias Populares**: El swing trading es una de las estrategias más populares en el mercado de acciones, ya que aprovecha las fluctuaciones de precios en un período de días o semanas. Además, el trading de largo plazo es una estrategia válida para inversores que buscan capturar el crecimiento a largo plazo de empresas con fundamentos sólidos.

16.3 Operativa en el Mercado de Criptomonedas

El mercado de criptomonedas es uno de los más novedosos y volátiles en el panorama financiero. Con la aparición de activos como Bitcoin y Ethereum, muchos traders han sido atraídos por la posibilidad de obtener rendimientos significativos en plazos relativamente cortos.

• **Volatilidad Extrema**: A diferencia de los mercados más tradicionales, las criptomonedas se caracterizan por una volatilidad extrema, con movimientos de precios que pueden superar el 10% en un solo día. Si bien esto abre grandes oportunidades de rentabilidad, también supone un mayor riesgo para el capital del trader.

• **Análisis Técnico y Fundamental**: Aunque el análisis técnico sigue siendo clave para identificar puntos de entrada y salida en criptomonedas, el análisis fundamental en este mercado es algo diferente. En lugar de informes económicos, los traders deben prestar atención a desarrollos en la tecnología subyacente, la adopción de las criptomonedas, cambios regulatorios y el sentimiento del mercado.

• **Estrategias para Criptomonedas**: Las estrategias de swing trading y day trading son muy populares en el mercado de criptomonedas debido a la gran volatilidad. Muchos traders también optan por el scalping en criptomonedas líquidas como Bitcoin o Ethereum. Dada la naturaleza descentralizada de este mercado, es importante que los traders elijan plataformas y exchanges de confianza, y se aseguren de tener carteras seguras para proteger sus activos.

16.4 Comparativa entre los Mercados

Es crucial entender las diferencias clave entre Forex, acciones y criptomonedas para adaptar nuestras estrategias de manera efectiva:

• **Horas de Operación**: Mientras que Forex opera las 24 horas del día durante la semana, el mercado de acciones está limitado a las horas de operación de las bolsas. Las criptomonedas, al igual que Forex, pueden negociarse en cualquier momento, lo que permite una mayor flexibilidad.

• **Volatilidad**: El mercado de criptomonedas es, sin duda, el más volátil de los tres. Si bien la volatilidad también puede ser alta en Forex, especialmente durante eventos económicos importantes, las acciones tienden a mostrar movimientos más estables, salvo en casos excepcionales.

• **Liquidez**: Forex es el mercado más líquido, seguido de las acciones. Las criptomonedas, aunque han ganado liquidez en los últimos años, todavía pueden experimentar problemas de liquidez en ciertas altcoins o en periodos de menor actividad.

16.5 Adaptando las Estrategias según el Mercado

Para tener éxito en múltiples mercados, es esencial adaptar nuestras estrategias. Mientras que en Forex puede ser útil seguir de cerca las noticias económicas y operar en base a eventos macro, en el mercado de acciones será clave realizar análisis fundamentales detallados de las empresas. En criptomonedas, será importante desarrollar una tolerancia al riesgo más alta y estar preparado para manejar grandes fluctuaciones de precios en cortos períodos.

Además, es recomendable diversificar no solo entre activos, sino también en mercados. Esto permite al trader distribuir el riesgo y aprovechar oportunidades en múltiples escenarios financieros.

16.6 Reflexión Final sobre la Operativa en Diferentes Mercados

La operativa en diferentes mercados requiere flexibilidad y una comprensión clara de las características y dinámicas específicas de cada uno. Aunque todos los mercados ofrecen oportunidades, cada uno tiene su propio conjunto de desafíos que los traders deben abordar con una estrategia bien definida. Con la formación adecuada, el análisis constante y la adaptación de las técnicas, es posible operar de manera efectiva y rentable en múltiples mercados financieros, optimizando las oportunidades de trading y minimizando los riesgos.

CAPÍTULO 18

USO DE PLATAFORMAS Y HERRAMIENTAS DE TRADING

EL USO de plataformas y herramientas adecuadas es fundamental para cualquier trader que busque tener éxito en los mercados financieros. Las plataformas de trading no solo facilitan la ejecución de operaciones, sino que también proporcionan una serie de herramientas esenciales para el análisis técnico, la gestión de riesgo y la optimización de estrategias. En este capítulo, analizaremos las principales plataformas de trading disponibles, las herramientas que ofrecen, y cómo sacar el máximo provecho de ellas para mejorar tu operativa.

17.1 ¿Qué es una Plataforma de Trading?

Una plataforma de trading es un software que conecta a los traders con los mercados financieros. A través de estas plataformas, los usuarios pueden ejecutar órdenes de compra y venta de diferentes activos, como acciones, divisas, criptomonedas o materias primas. Además, las plataformas de trading ofrecen una amplia gama de herramientas que ayudan a los traders a analizar gráficos, seguir las noticias del mercado y gestionar sus cuentas.

El éxito en el trading no solo depende de tus habilidades analíticas, sino también de la eficiencia y fiabilidad de la plataforma que utilizas. Es por eso que es crucial elegir una plataforma que se ajuste a tus necesidades, estilo de trading y nivel de experiencia.

17.2 Tipos de Plataformas de Trading

Existen diferentes tipos de plataformas de trading, cada una con características únicas. A continuación, exploraremos las más populares y cómo pueden beneficiarte:

17.2.1 Plataformas Propietarias

Las plataformas propietarias son desarrolladas por brokers específicos para el uso exclusivo de sus clientes. Estas plataformas están diseñadas para integrarse perfectamente con los servicios del broker, lo que garantiza una ejecución rápida y precisa de las órdenes. Algunas características de las plataformas propietarias incluyen:

• **Interfaz Personalizada**: Las plataformas propietarias suelen estar diseñadas pensando en la facilidad de uso y la integración con el resto de los servicios del broker.

• **Acceso Exclusivo**: Solo los clientes del broker pueden acceder a estas plataformas, lo que garantiza una integración completa entre las funciones de trading y los servicios del broker.

• **Soporte Directo**: Como las plataformas propietarias están controladas por el broker, los traders pueden beneficiarse de un soporte técnico personalizado y una rápida resolución de problemas.

Algunos ejemplos de plataformas propietarias incluyen **eToro**, **Interactive Brokers**, y **Plus500**.

17.2.2 Plataformas de Terceros

Las plataformas de terceros, como MetaTrader 4 (MT4) o Meta-Trader 5 (MT5), son desarrolladas por empresas externas y son compatibles con una gran variedad de brokers. Estas plataformas ofrecen flexibilidad, ya que puedes cambiar de broker sin necesidad de cambiar de plataforma.

• **Popularidad y Comunidad**: Plataformas como MT4 y MT5 son muy populares entre los traders debido a su flexibilidad y a la gran comunidad de usuarios que desarrollan indicadores personalizados y estrategias automatizadas.

• **Personalización**: Ofrecen una amplia gama de indicadores, scripts y herramientas de análisis técnico que los traders pueden personalizar según sus necesidades.

• **Compatibilidad con Estrategias Automáticas**: Una de las principales ventajas de estas plataformas es la capacidad de integrar asesores expertos (EAs) para el trading automatizado, lo que permite la ejecución de operaciones sin intervención humana.

17.2.3 Plataformas Basadas en la Web

Las plataformas basadas en la web son accesibles a través de un navegador de internet, lo que significa que no necesitas descargar ni instalar ningún software en tu computadora. Estas plataformas son ideales para traders que valoran la accesibilidad y desean operar desde diferentes dispositivos sin depender de una instalación específica.

• **Accesibilidad**: Dado que las plataformas basadas en la web están disponibles en cualquier navegador, puedes acceder a ellas desde cualquier dispositivo con conexión a internet.

• **Facilidad de Uso**: Estas plataformas suelen tener interfaces intuitivas que son fáciles de navegar, lo que las hace ideales para principiantes.

• **Menos Personalización**: Aunque suelen ser más accesibles, las plataformas basadas en la web a menudo no ofrecen el mismo nivel de personalización que las plataformas descargables.

Algunos ejemplos incluyen **TradingView** y **ProRealTime**.

17.3 Herramientas de Trading Esenciales

Independientemente de la plataforma que elijas, es fundamental familiarizarse con las herramientas que te proporcionarán una ventaja en tu operativa diaria. A continuación, detallamos las herramientas más importantes que ofrecen las plataformas de trading.

17.3.1 Gráficos Avanzados

Los gráficos son el corazón del análisis técnico. Las plataformas de trading ofrecen gráficos avanzados con una amplia variedad de indicadores y herramientas de dibujo que permiten a los traders analizar tendencias, identificar patrones y realizar pronósticos informados.

• **Indicadores Técnicos**: Herramientas como el RSI (Índice de Fuerza Relativa), MACD (Convergencia/Divergencia de Medias Móviles) y medias móviles son fundamentales para analizar el momentum del mercado.

• **Patrones Gráficos**: Las herramientas de gráficos avanzados permiten identificar patrones de precios, como triángulos, banderas, hombro-cabeza-hombro y más.

• **Análisis Multitemporal**: La capacidad de analizar el mismo activo en diferentes marcos temporales (diario, semanal, mensual) es crucial para obtener una visión completa del mercado.

17.3.2 Órdenes Automatizadas y Stop-Loss

Las órdenes automatizadas y los stop-loss son herramientas esenciales para gestionar las operaciones sin necesidad de supervisar constantemente el mercado. Estas herramientas permiten a los traders establecer niveles específicos de precios en los que desean abrir o cerrar una operación.

• **Stop-Loss**: Permite a los traders limitar sus pérdidas automáticamente si el mercado se mueve en su contra.

• **Take-Profit**: Al igual que el stop-loss, el take-profit permite cerrar una operación automáticamente cuando se alcanza un nivel de ganancia predeterminado.

• **Órdenes Limitadas**: Estas órdenes se ejecutan solo cuando el mercado alcanza el precio deseado por el trader, lo que permite una mejor gestión del riesgo.

17.3.3 Asesores Expertos y Trading Automatizado

El uso de **asesores expertos (EAs)** es común en plataformas como MT4 y MT5. Estos programas permiten a los traders automatizar sus estrategias y ejecutar operaciones basadas en reglas predeterminadas.

• **Trading Algorítmico**: Los EAs permiten ejecutar estrategias algorítmicas sin intervención humana. Esto puede ser ventajoso para traders que desean operar en múltiples mercados o en condiciones específicas sin estar frente a la pantalla todo el tiempo.

• **Backtesting**: Los traders pueden probar sus estrategias en datos históricos para ver cómo habrían funcionado en el pasado, lo que es útil para ajustar y optimizar las estrategias.

17.3.4 Noticias y Calendario Económico

Las plataformas de trading también proporcionan acceso a noticias financieras en tiempo real y calendarios económicos. Esto es fundamental para los traders que operan en mercados que son sensibles a eventos macroeconómicos y políticos.

• **Calendario Económico**: Un calendario económico destaca los eventos importantes, como anuncios de tasas de interés, datos de empleo y reportes de PIB. Estar al tanto de estos eventos puede ayudarte a anticipar movimientos significativos en los mercados.

• **Alertas de Noticias**: Las alertas de noticias en tiempo real te informan de eventos importantes que podrían afectar tus posiciones, permitiéndote ajustar tus estrategias de manera oportuna.

17.4 Elegir la Plataforma Adecuada

Elegir la plataforma adecuada depende de varios factores, entre ellos tu nivel de experiencia, tu estilo de trading y las herramientas que necesitas para implementar tu estrategia. Algunos puntos a tener en cuenta al seleccionar una plataforma incluyen:

• **Facilidad de Uso**: Las plataformas para principiantes deben ser intuitivas y fáciles de navegar, mientras que los traders más avanzados pueden preferir plataformas con más opciones de personalización.

• **Costos y Comisiones**: Asegúrate de revisar las comisiones y tarifas asociadas con cada plataforma. Algunos brokers ofrecen spreads más bajos, mientras que otros pueden cobrar comisiones por cada operación.

• **Acceso Móvil**: Si prefieres operar desde tu teléfono, asegúrate de que la plataforma ofrezca una aplicación móvil con todas las funcionalidades necesarias.

17.5 Reflexión Final sobre el Uso de Plataformas y Herramientas

El éxito en el trading no solo depende de tu capacidad para analizar el mercado, sino también de tu dominio sobre las plataformas y herramientas que utilizas. El uso adecuado de una plataforma de trading puede mejorar significativamente la precisión de tus decisiones y ayudarte a gestionar el riesgo de manera más eficiente.

Con el tiempo, aprenderás a identificar las plataformas que mejor se adapten a tu estilo de trading y a aprovechar al máximo las herramientas disponibles. Recuerda que, independientemente de la plataforma, la clave está en la disciplina y en la gestión cuidadosa del riesgo.

PARTE 3. GESTIÓN DE RIESGO

"La razón más importante por la que la gente pierde dinero en los mercados financieros es que no limitan sus pérdidas." - Victor Sperandeo

CAPÍTULO 19

INTRODUCCIÓN A LA GESTIÓN DEL RIESGO

LA GESTIÓN del riesgo es uno de los pilares fundamentales del trading, y quizás el aspecto más importante para garantizar la supervivencia a largo plazo en los mercados financieros. Mientras que los análisis técnico y fundamental se centran en predecir movimientos de precios y encontrar oportunidades, la gestión del riesgo se trata de cómo proteger tu capital frente a los riesgos inherentes de esas oportunidades.

En este capítulo introductorio, exploraremos los principios básicos de la gestión del riesgo y su papel crucial en la operativa de cualquier trader, desde principiantes hasta profesionales experimentados. Comprender cómo gestionar el riesgo te ayudará a proteger tu cuenta de pérdidas devastadoras y permitirá que tus estrategias de trading tengan espacio para prosperar, incluso cuando el mercado vaya en tu contra.

18.1 ¿Qué es la Gestión del Riesgo?

La gestión del riesgo, en el contexto del trading, es el proceso de identificar, evaluar y mitigar el riesgo potencial de cada operación que realices. En resumen, es una serie de técnicas y estrategias diseñadas para limitar la cantidad de capital que puedes perder en una operación y, por extensión, en una serie de operaciones.

No importa cuán precisas o avanzadas sean tus estrategias de análisis técnico, siempre habrá elementos del mercado que no puedas controlar, como noticias imprevistas, volatilidad inesperada o eventos macroeconómicos. La gestión del riesgo busca garantizar que estas variables externas no destruyan tu cuenta ni te saquen del mercado.

18.2 Tipos de Riesgo en el Trading

Hay diferentes tipos de riesgo en el trading que es importante comprender para poder gestionarlos adecuadamente:

• **Riesgo de Mercado**: Es el riesgo general de que los precios se muevan en contra de tu posición. En cualquier momento, el mercado puede volverse volátil o moverse en una dirección inesperada, afectando tus posiciones.

• **Riesgo de Liquidez**: Esto se refiere a la dificultad de ejecutar órdenes debido a la falta de liquidez en el mercado. En mercados poco líquidos, puede ser difícil cerrar una posición sin afectar significativamente el precio del activo.

• **Riesgo Operativo**: Este riesgo surge de fallos en las plataformas de trading, errores humanos o problemas tecnológicos que impiden que una orden se ejecute de manera correcta o a tiempo.

• **Riesgo de Contraparte**: Se refiere al riesgo de que tu corredor o intermediario no cumpla con sus obligaciones financieras, afectando tu capacidad para acceder a tus fondos o cerrar una posición.

18.3 La Importancia de la Gestión del Riesgo

¿Por qué es crucial la gestión del riesgo? La respuesta es sencilla: porque ningún sistema de trading es perfecto. Incluso los traders más experimentados enfrentan pérdidas regulares. Sin una adecuada gestión del riesgo, una sola operación puede tener un impacto desastroso en tu cuenta de trading.

Una mala racha de operaciones perdedoras es inevitable en el trading. Sin embargo, la gestión adecuada del riesgo asegura que estas pérdidas sean pequeñas y controlables, de modo que una serie de malas decisiones no te expulse del mercado.

Además, gestionar el riesgo te ayuda a mantener la disciplina.

Cuando conoces de antemano cuánto estás dispuesto a perder en una operación, es menos probable que tomes decisiones emocionales o arriesgadas. La gestión del riesgo te permite ser un trader calculador, en lugar de uno impulsivo.

18.4 El Rol de la Diversificación

La diversificación es una estrategia clave para reducir el riesgo general de tu portafolio. En lugar de poner todos tus recursos en una sola operación o en un solo tipo de activo, es mejor distribuir tu capital entre diferentes mercados o activos para minimizar el impacto de un movimiento adverso.

Al diversificar, reduces la dependencia en una sola operación o mercado, lo que te permite mantener un equilibrio en tu cuenta si una operación no sale como esperabas. Además, la diversificación puede ayudarte a aprovechar diferentes tendencias o movimientos en varios mercados, mitigando así el riesgo global.

18.5 Relación Entre Riesgo y Rentabilidad

Un concepto esencial en la gestión del riesgo es la relación entre el riesgo y la rentabilidad. En general, cuanto mayor sea el riesgo, mayor será la rentabilidad potencial, pero también aumenta la posibilidad de sufrir pérdidas significativas.

Los traders exitosos buscan un equilibrio entre el riesgo y la recompensa. Esto se hace calculando el **ratio riesgo-beneficio** (o risk/reward ratio), que mide cuánto estás dispuesto a arriesgar en una operación en relación con la recompensa potencial. Un ratio adecuado suele ser de 1:2 o superior, lo que significa que por cada unidad de riesgo, esperas ganar el doble o más.

Es importante comprender que, aunque a veces asumir más riesgo puede parecer tentador debido a las ganancias potenciales, también puede llevar a pérdidas catastróficas si no se gestiona adecuadamente.

18.6 Herramientas para la Gestión del Riesgo

Existen varias herramientas y técnicas que puedes utilizar para gestionar el riesgo de manera efectiva. Algunas de las más comunes incluyen:

- **Stop-Loss**: Esta es una orden que cierras automáticamente una operación si el precio del activo se mueve en tu contra más allá de un nivel específico. Los stop-losses son fundamentales para protegerte de movimientos inesperados del mercado.

- **Take-Profit**: Al igual que un stop-loss, pero en la dirección opuesta, una orden take-profit cierra automáticamente tu operación cuando has alcanzado un nivel de ganancia predeterminado. Esto te permite asegurar ganancias sin tener que vigilar constantemente el mercado.

- **Tamaño de la Posición**: Una de las formas más directas de gestionar el riesgo es ajustar el tamaño de tu posición en función del riesgo que estás dispuesto a asumir. Al reducir el tamaño de tus operaciones, puedes controlar el impacto de una posible pérdida en tu cuenta total.

- **Diversificación**: Como mencionamos antes, distribuir tu capital entre diferentes activos o mercados te permite reducir el riesgo general y protegerte contra movimientos adversos en una única operación.

18.7 Reflexión Final

La gestión del riesgo es un componente crítico que no debe pasarse por alto en ningún sistema de trading. Mientras que aprender a analizar el mercado y desarrollar estrategias es importante, la supervivencia a largo plazo en el trading depende de tu capacidad para gestionar el riesgo de manera eficaz.

A lo largo de este libro, exploraremos con más detalle las técnicas de gestión del riesgo y cómo aplicarlas a tu estrategia de trading. Recuerda, el objetivo principal no es evitar el riesgo por completo, ya que esto es imposible en los mercados financieros, sino gestionarlo de manera que puedas proteger tu capital, mantenerte en el juego y maximizar tus oportunidades de éxito.

CAPÍTULO 20

GESTIÓN DE CAPITAL

LA GESTIÓN del capital es uno de los pilares fundamentales del éxito en el trading, ya que te permite proteger y optimizar el uso de tus recursos financieros. Sin importar la calidad de tus estrategias o lo acertado de tu análisis, si no gestionas adecuadamente tu capital, puedes encontrarte fuera del mercado rápidamente. El objetivo de este capítulo es enseñarte a utilizar tu capital de forma inteligente, asegurando que puedas seguir operando incluso después de una serie de operaciones perdedoras y maximizando tu capacidad para aprovechar las oportunidades cuando se presentan.

19.1 ¿Qué es la Gestión del Capital?

La gestión del capital implica establecer un plan estratégico para cómo se utilizará tu dinero en cada operación. No se trata simplemente de cuánto invertirás en una sola transacción, sino de cómo distribuir tu capital en múltiples operaciones, protegiendo tus fondos ante pérdidas imprevistas y optimizando tus beneficios.

Una buena gestión del capital asegura que no pongas en riesgo demasiado dinero en una sola operación y te permite aprovechar el poder del crecimiento compuesto cuando tienes éxito. A través de la disciplina y un enfoque racional, puedes minimizar las pérdidas y maximizar los beneficios, lo que es esencial para lograr el éxito a largo plazo en el trading.

19.2 Principios Básicos de la Gestión del Capital

Existen algunos principios clave que forman la base de una gestión eficiente del capital. Estos principios te ayudarán a evitar errores comunes y a crear un plan robusto para la distribución de tus recursos financieros.

• **No arriesgar más del 1-2% por operación**: Un principio general que siguen muchos traders es no arriesgar más del 1-2% de su capital total en una sola operación. Esto significa que, si tienes una cuenta de 10,000 USD, no deberías arriesgar más de 100-200 USD en una operación. Esta regla te protege contra las pérdidas significativas que pueden resultar de una serie de operaciones perdedoras.

• **Diversificación del capital**: En lugar de concentrar todo tu capital en un solo activo o mercado, la diversificación te permite repartir el riesgo entre varios instrumentos financieros. Al diversificar, reduces el impacto de una sola operación fallida en tu cuenta.

• **Asignación proporcional del capital**: No todas las operaciones tienen el mismo nivel de riesgo, y una buena gestión del capital implica ajustar la cantidad de dinero invertido en función del riesgo. Operaciones con una mayor probabilidad de éxito pueden recibir una asignación de capital más grande, mientras que las operaciones con mayor incertidumbre deben tener una menor inversión.

19.3 El Uso del Tamaño de la Posición

Uno de los componentes clave de la gestión del capital es calcular el tamaño adecuado de tus posiciones. El tamaño de la posición determina cuántas unidades de un activo compras o vendes en una operación, y debe estar alineado con tu tolerancia al riesgo y la volatilidad del mercado.

• **Cálculo del tamaño de la posición**: La fórmula básica para calcular el tamaño de la posición es dividir el monto del capital que estás dispuesto a arriesgar en una operación entre la distancia entre el punto de entrada y el stop-loss (el nivel donde cerrarías la operación si el mercado se mueve en tu contra). Por ejemplo, si decides arriesgar 100 USD en una operación y tu stop-loss está a 5 USD del punto de entrada, entonces podrías comprar 20 unidades del activo (100/5 = 20).

• **Ajuste según la volatilidad**: La volatilidad del mercado afecta directamente el tamaño de tu posición. En mercados volátiles, donde los precios fluctúan más, es recomendable reducir el tamaño de las posiciones para compensar el mayor riesgo. Por otro lado, en mercados más estables, podrías considerar aumentar el tamaño de la posición, ya que el riesgo de fluctuaciones bruscas es menor.

19.4 La Importancia del Crecimiento Compuesto

El crecimiento compuesto es una de las herramientas más poderosas en el arsenal de un trader. Este concepto se refiere a la capacidad de hacer crecer tu capital de manera exponencial reinvirtiendo las ganancias obtenidas en nuevas operaciones. Si gestionas bien tu capital y mantienes tus pérdidas bajo control, el crecimiento compuesto puede acelerar tu progreso hacia la rentabilidad.

• **Ejemplo de crecimiento compuesto**: Si comienzas con un capital de 10,000 USD y logras una tasa de rentabilidad del 5% mensual, al cabo de un año, tu cuenta podría crecer a 17,958 USD, asumiendo que reinviertes tus ganancias cada mes. El crecimiento compuesto es acumulativo y puede tener un impacto significativo en tus resultados a largo plazo.

• **Evitar retiros excesivos**: Para aprovechar al máximo el poder del crecimiento compuesto, es importante no retirar grandes sumas de dinero de tu cuenta con demasiada frecuencia. Mantener el capital dentro de tu cuenta de trading te permite generar beneficios sobre una base de capital más amplia, maximizando el efecto del crecimiento compuesto.

19.5 Mantener el Capital Durante las Rachas Perdedoras

Incluso los mejores traders experimentan rachas perdedoras. La gestión del capital te protege de quedarte sin fondos durante estas rachas, permitiéndote mantenerte en el mercado hasta que las condiciones mejoren y comiences a generar ganancias nuevamente.

• **Limitar las pérdidas**: La clave para sobrevivir a una racha perdedora es limitar el daño. Si sigues la regla de arriesgar solo el 1-2% de tu capital en cada operación, una racha de 10 operaciones perdedoras no te llevará a la ruina. Esto te da tiempo para ajustar tu estrategia y encontrar nuevas oportunidades sin sacrificar tu cuenta.

• **Rebote tras las pérdidas**: A medida que experimentas pérdidas, es importante ser disciplinado y no aumentar el tamaño de tus posiciones para "recuperar" lo perdido rápidamente. Este enfoque puede llevar a pérdidas aún mayores. En su lugar, mantén la calma, revisa tus operaciones y ajusta tu estrategia, pero sigue respetando las reglas de gestión del capital para evitar mayores daños.

19.6 Herramientas para Mejorar la Gestión del Capital

Existen varias herramientas que pueden ayudarte a implementar una mejor gestión del capital en tu operativa diaria:

• **Calculadoras de tamaño de posición**: Estas calculadoras te ayudan a determinar el tamaño óptimo de tu posición según el riesgo que estés dispuesto a asumir. Puedes encontrarlas en línea o como parte de muchas plataformas de trading.

• **Herramientas de control de riesgos en plataformas de trading**: Muchas plataformas de trading ofrecen herramientas integradas para gestionar el riesgo, como órdenes de stop-loss automáticas y análisis de exposición de capital. Aprovechar estas herramientas te permite gestionar el capital de manera más eficiente.

• **Análisis de drawdown**: El drawdown es la diferencia entre el capital máximo que has alcanzado y el capital actual. Mantener el drawdown bajo control es crucial para proteger tu cuenta. Es útil revisar tu drawdown regularmente para asegurarte de que no estás corriendo demasiados riesgos.

19.7 Reflexión Final

La gestión del capital es un arte que todo trader debe dominar si desea alcanzar el éxito en los mercados financieros. No se trata solo de cuánto dinero puedes ganar, sino de cómo proteger lo que tienes para garantizar que sigues operando en el largo plazo. La disciplina en la asignación de capital, el tamaño de las posiciones y el control del riesgo es lo que diferencia a los traders exitosos de aquellos que fracasan.

Al comprender y aplicar los principios que hemos discutido en este capítulo, estarás en una mejor posición para enfrentar los altibajos del mercado, maximizar tu crecimiento compuesto y, lo más importante, proteger tu capital. La gestión del capital, junto con la gestión del riesgo, constituye la base sobre la cual puedes construir una carrera de trading exitosa.

CAPÍTULO 21

RATIO RIESGO/BENEFICIO

EL RATIO RIESGO/BENEFICIO es un concepto clave en el mundo del trading y una herramienta esencial para cualquier trader que busque tomar decisiones informadas y optimizar su operativa. Este ratio te ayuda a evaluar la viabilidad de una operación al comparar el riesgo que estás dispuesto a asumir con la ganancia potencial que esperas obtener. En este capítulo, exploraremos en detalle qué es el ratio riesgo/beneficio, cómo calcularlo y cómo integrarlo de manera efectiva en tu estrategia de trading para mejorar tus resultados a largo plazo.

20.1 ¿Qué es el Ratio Riesgo/Beneficio?

El ratio riesgo/beneficio (R/B) es una medida que compara el riesgo de una operación con el posible beneficio que puede generar. En otras palabras, te muestra cuántas unidades de beneficio puedes obtener por cada unidad de riesgo que asumas. Este ratio es fundamental porque te permite evaluar si una operación es lo suficientemente rentable como para justificar el riesgo que implica.

• **Fórmula básica del ratio riesgo/beneficio**: El ratio se calcula dividiendo la ganancia potencial esperada entre el riesgo potencial de la operación. La fórmula es la siguiente:

•

Ratio Riesgo-Beneficio = (Take Profit - Precio de entrada) / (Precio de entrada - Stop Loss) Esta fórmula compara el beneficio potencial (recompensa) con la pérdida potencial (riesgo) de una operación.

Para calcularla, necesitas determinar tres valores:

1. El precio de entrada de la operación

2. El nivel de take profit (objetivo de beneficio)

3. El nivel de stop loss (límite de pérdida)

Por ejemplo, si compras un par de divisas a 1.2000, fijas un stop loss en 1.1900 y un take profit en 1.2200:

• Beneficio potencial = 1.2200 - 1.2000 = 200 pips

• Pérdida potencial = 1.2000 - 1.1900 = 100 pips

Ratio Riesgo-Beneficio = 200 / 100 = 2:1

• **Interpretación del ratio**: Un ratio riesgo/beneficio mayor a 1:1 indica que el beneficio esperado supera al riesgo, lo que en teoría hace que la operación sea más atractiva. Ratios de 2:1, 3:1 o mayores son considerados ideales, ya que ofrecen una ganancia potencial que compensa el riesgo asumido.

20.2 La Importancia del Ratio Riesgo/Beneficio en el Trading

El ratio riesgo/beneficio es crucial en el trading porque te ayuda a evitar operar impulsivamente o tomar decisiones basadas en emociones. Al calcular este ratio antes de ejecutar una operación, puedes evaluar objetivamente si vale la pena asumir el riesgo.

• **Optimización de las operaciones**: Un buen ratio riesgo/beneficio te asegura que incluso si no tienes una tasa de éxito del 100% en tus operaciones, podrás mantener la rentabilidad a largo plazo. Por ejemplo, si tu ratio es 3:1, solo necesitas ganar una de cada tres operaciones para mantener el equilibrio.

• **Disciplina y control**: Establecer un ratio riesgo/beneficio objetivo para cada operación te obliga a ser disciplinado en tu enfoque. Te ayuda a evitar operaciones que ofrecen un bajo retorno en comparación con el riesgo que implican, reduciendo así la posibilidad de pérdidas innecesarias.

20.3 Cómo Calcular el Ratio Riesgo/Beneficio

Calcular el ratio riesgo/beneficio requiere definir dos factores clave: el beneficio potencial y el riesgo potencial. Estos elementos pueden determinarse utilizando puntos de entrada, niveles de stop-loss y objetivos de precio.

• **Beneficio potencial**: El beneficio potencial es la diferencia entre tu precio de entrada y el nivel objetivo donde esperas cerrar la operación con ganancias. Este nivel puede establecerse basándote en el análisis técnico, como un nivel de resistencia o un retroceso de Fibonacci.

• **Riesgo potencial**: El riesgo potencial es la diferencia entre tu precio de entrada y el nivel de stop-loss. El stop-loss es un nivel predeterminado donde cerrarás la operación si el mercado se mueve en tu contra. Este nivel debe definirse de manera cuidadosa, basándote en el análisis del gráfico y en la volatilidad del mercado.

20.4 Uso del Ratio Riesgo/Beneficio en Diferentes Estrategias de Trading

El ratio riesgo/beneficio puede adaptarse a diferentes estilos y estrategias de trading, como el scalping, el swing trading o el trading a largo plazo. El enfoque y el ratio adecuado varían según el horizonte temporal y la naturaleza del mercado en el que operes.

• **Scalping y trading intradía**: En estrategias de corto plazo como el scalping, los traders a menudo buscan ratios riesgo/beneficio más bajos, como 1:1 o 1.5:1, ya que el objetivo es hacer muchas pequeñas operaciones con ganancias rápidas. Dado que las operaciones son rápidas y frecuentes, un ratio más bajo puede ser aceptable si la tasa de éxito es alta.

• **Swing trading y trading a largo plazo**: Para los traders que operan en marcos de tiempo más largos, un ratio riesgo/beneficio de 2:1 o 3:1 suele ser más apropiado. Dado que las operaciones se mantienen durante períodos más largos, el riesgo es mayor, pero también lo es la ganancia potencial. En estos casos, es importante esperar pacientemente hasta que se presenten configuraciones con un ratio favorable.

20.5 Ajustando el Ratio Riesgo/Beneficio Según las Condiciones del Mercado

El ratio riesgo/beneficio no es una fórmula rígida que deba aplicarse de la misma manera en todas las condiciones de mercado. Es importante que adaptes este ratio según el contexto del mercado en el que estás operando, la volatilidad y tu análisis técnico.

• **Mercados volátiles**: En mercados altamente volátiles, es recomendable ajustar tus stop-loss a niveles más amplios, lo que puede reducir el ratio riesgo/beneficio. En estos casos, es clave asegurarte de que la ganancia potencial también sea lo suficientemente grande como para justificar el riesgo.

• **Mercados tranquilos**: En mercados menos volátiles, puede ser posible establecer stop-loss más ajustados, lo que mejora el ratio riesgo/beneficio. Sin embargo, es importante no caer en la tentación de establecer stops demasiado ajustados, ya que podrías ser sacado del mercado por pequeños movimientos antes de que se materialice la oportunidad.

20.6 Ventajas de Usar un Ratio Riesgo/Beneficio

Incorporar el ratio riesgo/beneficio en tu estrategia de trading ofrece varias ventajas:

• **Mejora la toma de decisiones**: El ratio riesgo/beneficio te ayuda a analizar cada operación de manera objetiva y a evitar decisiones impulsivas. Si una operación no cumple con un ratio mínimo que te hayas fijado, es mejor evitarla.

• **Protege tu capital**: Al utilizar un ratio favorable, puedes limitar las pérdidas y maximizar las ganancias. Esto asegura que incluso si solo aciertas en una parte de tus operaciones, aún puedes ser rentable.

• **Incrementa la confianza**: Tener una estrategia clara basada en el ratio riesgo/beneficio te permite operar con mayor confianza. Sabes que estás tomando decisiones basadas en datos y análisis, en lugar de basarte en intuiciones o emociones.

20.7 Errores Comunes al Utilizar el Ratio Riesgo/Beneficio

A pesar de sus ventajas, el ratio riesgo/beneficio no garantiza el éxito en cada operación. Algunos traders caen en errores comunes al utilizar este ratio, lo que puede afectar su rentabilidad.

• **Fijar objetivos irreales**: A veces, los traders establecen objetivos de ganancia poco realistas para mejorar su ratio riesgo/beneficio. Sin embargo, es importante que los objetivos sean alcanzables según las condiciones actuales del mercado.

• **No ajustar el stop-loss adecuadamente**: Otro error es ajustar el stop-loss a niveles inapropiados para obtener un mejor ratio, lo que puede llevar a ser sacado del mercado antes de que la operación tenga la oportunidad de desarrollarse.

• **Ignorar las tasas de éxito**: El ratio riesgo/beneficio debe trabajarse junto con la tasa de éxito de tu estrategia. Un ratio muy alto no garantiza el éxito si la tasa de aciertos es demasiado baja. Es importante encontrar un equilibrio entre el ratio y la tasa de éxito.

20.8 Cómo Mejorar tu Ratio Riesgo/Beneficio

Para mejorar tu ratio riesgo/beneficio, debes trabajar en varios aspectos de tu operativa:

• **Esperar configuraciones claras**: No te precipites en entrar en operaciones con ratios bajos. En lugar de eso, sé paciente y espera configuraciones de alta probabilidad que ofrezcan un buen equilibrio entre riesgo y beneficio.

• **Refinar tus niveles de entrada y salida**: Trabaja en la precisión de tus niveles de entrada y salida. Un análisis técnico más preciso puede ayudarte a mejorar tu ratio sin asumir riesgos adicionales.

• **Ajustar la gestión de posiciones**: A medida que una operación se desarrolla a tu favor, considera ajustar el stop-loss para asegurar parte de las ganancias, mejorando así tu ratio riesgo/beneficio.

20.9 Reflexión Final

El ratio riesgo/beneficio es una herramienta fundamental para cualquier trader serio. Al aplicarlo correctamente, puedes asegurar que tus operaciones ofrezcan una ganancia potencial que compense el riesgo que estás asumiendo. Sin embargo, el éxito en el trading no solo depende de tener un buen ratio, sino también de la disciplina, la paciencia y la capacidad de ajustar tu estrategia según las condiciones del mercado.

Al aprender a utilizar el ratio riesgo/beneficio junto con una gestión adecuada del capital y del riesgo, estarás en una mejor posición para lograr la consistencia y la rentabilidad a largo plazo en tus operaciones.

CAPÍTULO 22

ESTRATEGIAS DE STOP-LOSS Y TAKE-PROFIT

LAS ESTRATEGIAS de **stop-loss** y **take-profit** son componentes esenciales en la gestión del riesgo y en la planificación de operaciones en los mercados financieros. Ambos mecanismos permiten a los traders controlar sus pérdidas y asegurar sus ganancias, evitando que las emociones o la volatilidad del mercado afecten sus decisiones. En este capítulo, aprenderemos cómo implementar de manera efectiva estas estrategias y cómo optimizarlas para mejorar los resultados de nuestras operaciones.

21.1 ¿Qué es un Stop-Loss?

Un **stop-loss** es una orden que se coloca con un broker para vender o cerrar una posición automáticamente cuando el precio alcanza un nivel predeterminado, con el objetivo de limitar las pérdidas en una operación. Al establecer un stop-loss, el trader define de antemano cuánto está dispuesto a perder en una operación, lo que permite gestionar el riesgo de manera efectiva.

• **Función principal del stop-loss**: El propósito de un stop-loss es proteger tu capital. Ningún trader puede predecir con precisión todos los movimientos del mercado, por lo que el stop-loss actúa como una red de seguridad, limitando las pérdidas en operaciones que no resultan como se esperaba.

- **Tipos de stop-loss**:
  - **Stop-loss fijo**: Es un nivel de precio fijo predeterminado. El trader decide en qué punto quiere cerrar la operación si el mercado va en su contra.

  - **Stop-loss dinámico (trailing stop)**: Es un stop que se ajusta automáticamente a medida que el precio se mueve a favor de la operación. De esta manera, si el precio sube o baja a tu favor, el stop también se ajusta, protegiendo así parte de las ganancias sin limitar el potencial de la operación.

21.2 ¿Qué es un Take-Profit?

Un **take-profit** es una orden que se establece para cerrar una posición automáticamente cuando el precio alcanza un nivel de ganancia predeterminado. A diferencia del stop-loss, el take-profit asegura las ganancias, evitando que una operación favorable se revierta y elimine los beneficios obtenidos.

- **Función del take-profit**: Permite al trader asegurar las ganancias al cerrar la operación en el momento adecuado, según la estrategia planificada. Esto es especialmente útil en mercados volátiles donde los precios pueden cambiar rápidamente.

- **Importancia del take-profit**: Sin un take-profit, los traders pueden caer en la tentación de esperar que el precio suba aún más, lo que podría llevar a que el mercado se revierta antes de que las ganancias sean aseguradas.

21.3 La Relación entre Stop-Loss y Take-Profit

Tanto el stop-loss como el take-profit están intrínsecamente relacionados con el ratio **riesgo/beneficio**. El objetivo de estos mecanismos es equilibrar las pérdidas y las ganancias de manera que las operaciones exitosas compensen las fallidas, garantizando la rentabilidad a largo plazo.

- **Ratio riesgo/beneficio y su impacto**: El uso de niveles de stop-loss y take-profit bien definidos te permite optimizar tu ratio riesgo/beneficio. Por ejemplo, si colocas un stop-loss que te permite perder 100 USD, pero tu take-profit te asegura una ganancia de 300 USD, estás trabajando con un ratio 1:3. Este tipo de ratio es favorable porque te permite ser rentable incluso si solo aciertas en una parte de tus operaciones.

21.4 Cómo Establecer un Stop-Loss Adecuado

El primer paso para implementar una estrategia de stop-loss efectiva es identificar el nivel adecuado en el gráfico. No todos los niveles de stop son iguales, y un mal stop-loss puede sacarte de una operación antes de que esta tenga la oportunidad de desarrollarse.

• **Análisis técnico**:

○ Usa niveles de **soporte y resistencia** para colocar tus stop-loss. El soporte es un nivel donde el precio ha rebotado hacia arriba anteriormente, por lo que si el precio rompe este nivel, es una señal de que el mercado está en contra de tu operación.

○ Coloca el stop-loss por debajo del soporte o por encima de la resistencia, dejando espacio para la volatilidad del mercado.

• **Volatilidad del mercado**:

○ Ajusta el stop-loss según la volatilidad del activo. Los activos más volátiles pueden requerir un stop más amplio para evitar ser sacado por movimientos normales del mercado. En cambio, en mercados más tranquilos, los stops pueden ser más ajustados.

• **Gestión de capital**:

○ Calcula el tamaño de tu posición basado en el riesgo máximo que estás dispuesto a asumir. Por ejemplo, si decides arriesgar el 1% de tu cuenta en cada operación, ajusta tu stop-loss para que la posible pérdida no exceda ese 1%.

21.5 Cómo Establecer un Take-Profit Adecuado

Al igual que el stop-loss, el take-profit debe establecerse basándose en el análisis técnico y la estructura del mercado.

• **Niveles de resistencia**:

○ Coloca el take-profit cerca de un nivel de resistencia, que es donde es probable que el precio encuentre dificultad para seguir subiendo. Si el precio se acerca a este nivel, asegúrate de asegurar las ganancias.

• **Proyecciones de precios**:

○ Usa herramientas como los **retrocesos de Fibonacci** o

patrones de precios para proyectar dónde es probable que el precio se revierta o encuentre resistencia. Estas herramientas te ayudarán a definir un objetivo de ganancias realista.

• **Ajuste dinámico de beneficios**:

○ Considera la posibilidad de ajustar el take-profit durante la operación. Por ejemplo, si el mercado sigue moviéndose a tu favor, podrías mover el take-profit para asegurar más beneficios sin cerrarlo prematuramente.

21.6 Técnicas Avanzadas para Stop-Loss y Take-Profit

A medida que desarrollas tu habilidad como trader, puedes implementar estrategias más avanzadas para gestionar tus stop-loss y take-profit. Estas técnicas están diseñadas para proteger tus posiciones de manera más eficiente y maximizar tus ganancias.

• **Trailing stop**: Un **trailing stop** se ajusta automáticamente a medida que el precio se mueve a tu favor. Esto es útil para proteger las ganancias mientras permites que la operación continúe abierta en caso de que el mercado siga en la dirección correcta.

• **Stop-loss por tiempo**: Algunos traders utilizan stop-loss basados en el tiempo en lugar del precio. Por ejemplo, si el precio no se ha movido significativamente en un período de tiempo definido, cierran la operación, asumiendo que la oportunidad ha pasado.

• **Take-profit escalonado**: En lugar de cerrar toda la posición cuando se alcanza el nivel de take-profit, algunos traders dividen su posición en varias partes y toman ganancias parciales en diferentes niveles de precio. Esto les permite asegurar algunas ganancias mientras dejan abierta parte de la operación en caso de que el precio continúe moviéndose a su favor.

21.7 Errores Comunes al Utilizar Stop-Loss y Take-Profit

A pesar de ser herramientas esenciales en la gestión del riesgo, muchos traders cometen errores al establecer sus stop-loss y take-profit, lo que puede afectar negativamente su rentabilidad.

• **Stop-loss demasiado ajustados**: Colocar un stop-loss

demasiado cerca del precio de entrada puede resultar en ser sacado del mercado por movimientos menores o ruido del mercado. Esto reduce la posibilidad de que la operación se desarrolle a tu favor.

• **No establecer un take-profit**: Muchos traders se centran solo en protegerse con un stop-loss, pero no fijan un objetivo claro de ganancias. Esto puede llevar a que se pierdan oportunidades para asegurar ganancias antes de que el mercado se revierta.

• **Mover el stop-loss hacia atrás**: Un error común es mover el stop-loss más lejos cuando el mercado va en contra, en un intento de evitar una pérdida. Esto generalmente aumenta las pérdidas en lugar de proteger el capital.

21.8 Reflexión Final

El uso adecuado de las estrategias de **stop-loss** y **take-profit** es vital para gestionar el riesgo y garantizar la consistencia en el trading. Al planificar estos niveles antes de ejecutar una operación, puedes evitar que las emociones te lleven a tomar decisiones impulsivas, protegiendo tu capital y maximizando las ganancias.

Estos dos mecanismos forman el núcleo de una estrategia de trading sólida, ayudando a limitar las pérdidas y a asegurar que las operaciones exitosas generen beneficios considerables. Como trader, tu objetivo no es ganar en todas las operaciones, sino asegurar que cuando ganes, el beneficio sea suficiente para compensar las pérdidas. Una correcta implementación de estas estrategias te permitirá lograr ese equilibrio y asegurar tu éxito a largo plazo.

En el siguiente capítulo, exploraremos el **Ajuste del Tamaño de la Posición**, una técnica fundamental que complementa la gestión de riesgo y asegura que operes de manera adecuada en función de tu capital disponible.

CAPÍTULO 23

AJUSTE DE TAMAÑO DE POSICIÓN

EL **AJUSTE del tamaño de la posición** es uno de los aspectos más cruciales de la gestión del riesgo en el trading. La correcta determinación del tamaño de cada operación puede marcar la diferencia entre una carrera de trading exitosa y una que termine en pérdidas importantes. En este capítulo, aprenderemos a calcular y ajustar el tamaño de nuestras posiciones en función de la tolerancia al riesgo, el capital disponible y la volatilidad del mercado, garantizando que nuestras decisiones sean consistentes y disciplinadas.

22.1 ¿Qué es el Tamaño de Posición?

El **tamaño de la posición** se refiere a la cantidad de capital que se destina a una operación en particular. Determinar el tamaño adecuado de cada posición es esencial para mantener una exposición equilibrada al riesgo y garantizar que una operación fallida no dañe significativamente la cuenta de trading.

• **Importancia del tamaño de la posición**: El tamaño correcto de una operación protege el capital de trading y evita pérdidas catastróficas en una sola transacción. Si arriesgas demasiado en una operación, podrías dañar seriamente tu cuenta si el mercado se mueve en contra. Por el contrario, si arriesgas demasiado poco, no maximizarás las oportunidades de obtener beneficios.

22.2 Factores a Considerar para el Ajuste del Tamaño de Posición

A la hora de ajustar el tamaño de la posición, es importante tener en cuenta varios factores. El tamaño de una operación no debe basarse únicamente en la intuición, sino que debe ser una decisión calculada según las circunstancias del mercado y las características de tu cuenta.

• **Capital total disponible**: El tamaño de la posición debe estar directamente relacionado con el capital disponible en tu cuenta de trading. Una regla general es no arriesgar más del 1% o 2% del capital total en una sola operación. Esto asegura que, incluso si sufres varias pérdidas consecutivas, aún tendrás suficiente capital para continuar operando.

• **Riesgo por operación**: Antes de abrir una posición, debes decidir cuánto estás dispuesto a arriesgar en esa operación en particular. Esto se determina en función del nivel de stop-loss. Si tu stop-loss está a una distancia de 50 pips del precio de entrada, el tamaño de la posición debe ajustarse para que, si el stop-loss es alcanzado, la pérdida no exceda el porcentaje de riesgo que has establecido.

• **Volatilidad del mercado**: La volatilidad es un factor clave para determinar el tamaño de la posición. Los mercados más volátiles tienden a tener movimientos de precios más amplios, lo que puede llevar a mayores ganancias, pero también a mayores riesgos. En mercados volátiles, puede ser prudente reducir el tamaño de la posición para evitar ser víctima de fluctuaciones inesperadas.

• **Apalancamiento**: El apalancamiento permite a los traders controlar una mayor posición con menos capital. Sin embargo, esto también amplifica tanto las ganancias como las pérdidas. Si bien el apalancamiento puede ser una herramienta poderosa, debes ser consciente de los riesgos asociados y ajustar el tamaño de la posición en consecuencia para no sobreexponerte al mercado.

22.3 Cómo Calcular el Tamaño de una Posición

El cálculo del tamaño de la posición es un proceso técnico que involucra varios factores. Siguiendo un enfoque sistemático, puedes determinar con precisión cuánto capital asignar a cada operación.

• Fórmula básica para el cálculo del tamaño de la posición:

Tamaño de posición = (Capital * Porcentaje de riesgo) / (Stop loss en pips * Valor del pip) Donde:

• Capital: Es el saldo de tu cuenta de trading

• Porcentaje de riesgo: El porcentaje máximo que estás dispuesto a arriesgar por operación (generalmente entre 1-2% para un enfoque conservador)

• Stop loss en pips: La distancia en pips entre tu precio de entrada y tu nivel de stop loss

• Valor del pip: El valor monetario de un pip para el par de divisas que estás operando

Por ejemplo, si tienes un capital de $10,000, quieres arriesgar 2%, tu stop loss está a 50 pips y el valor del pip es $10 para un lote estándar: Tamaño de posición = ($10,000 * 0.02) / (50 * $10)

= $200 / $500

= 0.4 lotes estándar

Esta fórmula te permite calcular un tamaño de posición que se ajusta a tu tolerancia al riesgo y protege tu capital. Es importante recordar que el tamaño de la posición debe adaptarse a tu estrategia de trading específica y a las condiciones del mercado

22.4 Tamaño de Posición y Diversificación

El tamaño de la posición no solo está relacionado con el riesgo individual de cada operación, sino también con la **diversificación**. Al distribuir tu capital en diferentes operaciones y mercados, puedes reducir el impacto de una sola operación fallida en el rendimiento general de tu cuenta.

• Diversificación en múltiples activos: Si operas en diferentes activos o mercados (acciones, divisas, criptomonedas, etc.), es importante no asignar demasiado capital a una sola operación o activo. Distribuir el riesgo en varios activos te ayuda a mitigar el impacto de la volatilidad de un solo mercado.

• **Correlación de activos**: Ten en cuenta la correlación entre los activos. Por ejemplo, si operas con pares de divisas que están altamente correlacionados, como el EUR/USD y el GBP/USD, debes considerar reducir el tamaño total de tus posiciones en esos pares, ya que un movimiento negativo en uno de ellos podría afectar también al otro.

22.5 Uso de Herramientas para Ajustar el Tamaño de la Posición

Hoy en día, existen diversas herramientas y plataformas que pueden ayudarte a ajustar el tamaño de tus posiciones de manera eficiente. Algunas de estas herramientas permiten realizar cálculos automáticos basados en tu capital, el riesgo por operación y la volatilidad del mercado.

• **Calculadoras de tamaño de posición**: Muchas plataformas de trading ofrecen calculadoras integradas que te ayudan a determinar el tamaño de la posición adecuado según los parámetros que ingreses, como el stop-loss y el riesgo por operación. Estas herramientas son muy útiles para evitar errores de cálculo manual.

• **Software de análisis de riesgos**: Existen programas especializados que analizan el riesgo global de tu cartera de operaciones, permitiéndote ajustar el tamaño de tus posiciones en función de las fluctuaciones del mercado y las correlaciones entre activos.

22.6 Errores Comunes en el Ajuste del Tamaño de Posición

El ajuste incorrecto del tamaño de la posición es un error común entre traders, especialmente aquellos que están comenzando. Algunos de los errores más frecuentes incluyen:

• **Exceso de confianza**: Muchos traders tienden a aumentar el tamaño de sus posiciones después de una serie de operaciones ganadoras, lo que aumenta el riesgo de sufrir pérdidas importantes en caso de una mala operación. Mantener la disciplina y evitar el exceso de confianza es fundamental para proteger tu capital.

• **No ajustar el tamaño de la posición a la volatilidad**: Algunos traders no consideran la volatilidad del mercado al ajustar el tamaño de la posición. En mercados volátiles, es importante reducir el tamaño de las posiciones para evitar que un movimiento inesperado genere grandes pérdidas.

• **Sobreapalancamiento**: Usar demasiado apalancamiento puede llevar a pérdidas considerables si el mercado va en contra de la operación. Es esencial ajustar el tamaño de la posición para no depender excesivamente del apalancamiento, y así evitar situaciones en las que las pérdidas se amplifiquen.

22.7 Ajuste del Tamaño de Posición según la Estrategia

El ajuste del tamaño de la posición también puede variar dependiendo de la estrategia de trading que estés utilizando. Algunas estrategias requieren posiciones más grandes o más pequeñas según el enfoque del trader.

• **Estrategias de largo plazo**: En las estrategias de largo plazo, donde los movimientos de precios suelen ser más amplios, puede ser adecuado reducir el tamaño de la posición debido al aumento en la distancia de los stop-loss.

• **Estrategias de corto plazo (scalping)**: En estrategias como el scalping, donde se buscan pequeñas ganancias en un corto período de tiempo, el tamaño de la posición puede ser mayor, ya que los stop-loss suelen estar más ajustados.

• **Trading intradía**: En el trading intradía, el tamaño de la posición debe ajustarse en función de la volatilidad diaria del mercado. Es importante evitar el riesgo excesivo en una sola operación, ya que los movimientos intradía pueden ser impredecibles.

22.8 Reflexión Final

El **ajuste del tamaño de la posición** es una habilidad esencial para cualquier trader que desee operar de manera eficiente y con un enfoque disciplinado en la gestión del riesgo. Saber cuánto capital asignar a cada operación no solo protege tu cuenta de trading, sino que también te ayuda a mantener la consistencia en tus operaciones a largo plazo.

Como trader, tu objetivo es maximizar las oportunidades de ganancia mientras limitas las pérdidas potenciales. El tamaño adecuado de la posición te permite mantener este equilibrio, asegurando que una mala operación no arruine tu progreso, mientras que una buena operación te proporcione los beneficios esperados.

En el próximo capítulo, abordaremos las **emociones en la gestión del riesgo**, un aspecto clave para mantener la disciplina mental en el trading y evitar decisiones impulsivas que puedan afectar negativamente tu rendimiento.

CAPÍTULO 24

EL CONTROL DE LAS EMOCIONES EN LA GESTIÓN DE RIESGO

EN EL MUNDO DEL TRADING, la gestión del riesgo va más allá de los números, las fórmulas y las estrategias. A menudo, los mayores desafíos no se encuentran en los gráficos ni en los mercados, sino dentro de nosotros mismos. Las emociones juegan un papel fundamental en nuestras decisiones, y aprender a manejarlas adecuadamente es crucial para tener éxito en este entorno. Este capítulo está dedicado a explorar cómo las emociones pueden influir en la gestión del riesgo y, más importante aún, cómo mantenerlas bajo control para tomar decisiones racionales y bien fundamentadas.

23.1 El Impacto de las Emociones en el Trading

Las emociones pueden convertirse en uno de los mayores obstáculos en el camino hacia el éxito en el trading. Cuando permitimos que el miedo, la codicia, la frustración o la euforia nos dominen, corremos el riesgo de tomar decisiones impulsivas y mal informadas, lo que puede generar pérdidas significativas. Incluso con una estrategia sólida y un plan de gestión de riesgo bien estructurado, las emociones mal controladas pueden llevar al fracaso.

• **FOMO (Fear of Missing Out)**: El miedo a perderse una oportunidad es una de las emociones más comunes entre los traders. El FOMO lleva a los traders a entrar en operaciones sin un análisis adecuado o a perseguir el precio en lugar de esperar una buena oportunidad. Este comportamiento impulsivo puede resultar en pérdidas evitables.

• **Miedo**: El miedo es una emoción natural que surge cuando el mercado se mueve en nuestra contra. A menudo, este miedo puede llevar a cerrar operaciones prematuramente, evitando así posibles ganancias o pérdidas menores que hubieran sido recuperadas si se hubieran seguido los planes originales.

• **Codicia**: Por otro lado, la codicia puede llevar a los traders a mantener operaciones abiertas durante más tiempo del necesario, esperando maximizar las ganancias. Sin embargo, esta avaricia a menudo provoca que se ignoren señales de advertencia y termine con pérdidas importantes cuando el mercado se da la vuelta.

• **Euforia y exceso de confianza**: Después de una serie de operaciones exitosas, es común que los traders sientan una falsa sensación de invulnerabilidad. Esta euforia puede generar un exceso de confianza que conduce a tomar riesgos innecesarios, como operar con tamaños de posición demasiado grandes o ignorar el stop-loss. La sobreexposición suele ser la consecuencia de este estado emocional.

23.2 Cómo las Emociones Sabotean la Gestión del Riesgo

El principal peligro de las emociones en el trading es que tienden a sabotear la lógica y el razonamiento que sustentan la correcta gestión del riesgo. A menudo, los traders permiten que las emociones influyan en su toma de decisiones, violando sus propias reglas y comprometiendo su plan de trading.

• **Romper las reglas de riesgo**: La emoción puede llevar a los traders a romper las reglas previamente establecidas. Por ejemplo, aumentar el tamaño de la posición después de una serie de operaciones ganadoras (euforia) o disminuir el tamaño después de una pérdida (miedo) son comportamientos que distorsionan un enfoque racional y sistemático.

• **No seguir el plan de trading**: Las emociones pueden hacer que los traders abandonen su plan de trading a mitad de camino. En lugar de seguir las estrategias preestablecidas para gestionar el riesgo, es común que los traders, por codicia o miedo, ajusten sus decisiones en tiempo real, lo que puede generar inconsistencias y pérdidas.

• **Dejar que el ego influya**: El ego también puede interferir en la gestión del riesgo. Aceptar una pérdida es difícil para muchos traders, lo que puede llevar a "mantenerse en la operación" más allá de lo razonable, con la esperanza de que el mercado se revierta a su favor. Esto se conoce como "negación de pérdidas" y suele acabar en grandes daños para la cuenta de trading.

23.3 Estrategias para Controlar las Emociones en el Trading

Aunque las emociones son parte de nuestra naturaleza humana, es posible aprender a gestionarlas y evitar que afecten negativamente nuestra operativa. A continuación, se presentan varias estrategias para mantener el control emocional y asegurar una gestión del riesgo coherente y disciplinada.

• **Adopta un enfoque basado en reglas**: Tener un plan de trading sólido y seguirlo rigurosamente es esencial para minimizar la influencia de las emociones. Al definir de antemano los puntos de entrada, stop-loss, take-profit y el tamaño de las posiciones, se eliminan muchas decisiones que podrían ser influenciadas por el estado emocional del momento.

• **Despersonaliza las pérdidas**: Las pérdidas son parte inevitable del trading. Es importante aceptarlas como parte del proceso y no tomarlas como algo personal. Una operación perdedora no es un reflejo de tu capacidad como trader, sino una consecuencia natural del mercado. Acepta las pérdidas como una oportunidad de aprendizaje y sigue adelante.

• **Práctica de la disciplina**: La disciplina es clave para controlar las emociones. Esto implica seguir las reglas sin importar el estado emocional. Por ejemplo, si una operación va en contra de tu posición, sigue el plan y cierra la posición según lo estipulado, en lugar de mantenerla por miedo o esperanza.

• **Uso de stops automáticos**: Utilizar órdenes stop-loss automáticas es una forma efectiva de controlar el riesgo sin que las emociones intervengan. Una vez que el stop está colocado, no hay necesidad de tomar decisiones adicionales basadas en el miedo o la codicia; el stop se activará automáticamente si el mercado se mueve en tu contra.

• **Mantén una mentalidad a largo plazo**: Los traders emocionalmente estables suelen enfocarse en el panorama general. En lugar de preocuparse por los resultados de cada operación individual, se centran en el rendimiento general de su estrategia a lo largo del tiempo. Este enfoque permite que las emociones negativas asociadas con pérdidas temporales no dominen el proceso de toma de decisiones.

23.4 Herramientas Psicológicas para la Gestión de Emociones

El control de las emociones en el trading no solo se logra con estrategias técnicas, sino también con el desarrollo de herramientas psicológicas que te ayuden a mantener la calma y la claridad mental.

• **Meditación y mindfulness**: La práctica de la meditación y el mindfulness puede ser extremadamente beneficiosa para los traders. Estas técnicas ayudan a entrenar la mente para estar más presente y consciente en el momento, lo que permite una toma de decisiones más clara y racional, sin dejarse llevar por los impulsos emocionales.

• **Visualización positiva**: La visualización es una técnica poderosa para reforzar el autocontrol. Antes de comenzar una jornada de trading, puedes imaginarte enfrentando una situación difícil (como una pérdida) y manejándola de manera calmada y disciplinada. Esto prepara a la mente para reaccionar de manera más controlada cuando surgen estos momentos.

• **Llevar un diario de trading**: Mantener un registro detallado de tus operaciones y de tus emociones mientras operas es una herramienta útil para analizar patrones de comportamiento emocional. Al escribir cómo te sientes antes, durante y después de cada operación, puedes identificar tus reacciones emocionales y trabajar en controlarlas en futuras operaciones.

• **Paquetes de trabajo**: Dividir las jornadas de trading en pequeños "paquetes de trabajo" o bloques de tiempo más cortos te ayudará a evitar el agotamiento emocional y a mantener la concentración. Al tomar descansos regulares, podrás mantener un estado mental equilibrado y fresco a lo largo de la jornada.

23.5 Reflexión Final

La gestión emocional es uno de los componentes más difíciles y menos valorados del trading. Si bien es fácil enfocarse en los aspectos técnicos y estratégicos, la capacidad de controlar las emociones es lo que distingue a los traders exitosos de aquellos que fracasan. Reconocer cómo el miedo, la codicia, la euforia y la frustración influyen en nuestras decisiones es el primer paso para tomar el control de ellas.

Una vez que aprendas a manejar las emociones, podrás mantener una disciplina constante en la gestión del riesgo, lo que se traducirá en decisiones de trading más lógicas y en una mayor probabilidad de éxito a largo plazo.

En el próximo capítulo, abordaremos la creación de un **plan de gestión del riesgo personalizado**, que te permitirá implementar todo lo aprendido hasta ahora y asegurarte de que cada operación esté alineada con tus objetivos de riesgo y beneficios.

CAPÍTULO 25

CREACIÓN DE UN PLAN DE GESTIÓN DEL RIESGO

LA CREACIÓN de un plan de gestión del riesgo es uno de los pasos más cruciales en la trayectoria de cualquier trader. Este plan es tu mapa de ruta para mantener la coherencia, proteger tu capital y asegurarte de que cada operación esté en línea con tus objetivos a largo plazo. Un plan de gestión del riesgo bien diseñado no solo te ayuda a limitar las pérdidas, sino que también te permite maximizar tus oportunidades de obtener beneficios en un entorno donde la incertidumbre es una constante.

En este capítulo, exploraremos los pasos necesarios para crear un plan de gestión del riesgo personalizado, adaptado a tus objetivos y estilo de trading.

24.1 ¿Qué es un Plan de Gestión del Riesgo?

Un plan de gestión del riesgo es un conjunto de reglas y procedimientos que determinan cómo vas a manejar tus posiciones y tu capital en el mercado. Este plan no se limita a definir cuánto estás dispuesto a perder en una sola operación, sino que también abarca la forma en que distribuyes tu capital, las estrategias que utilizas para gestionar las pérdidas y las herramientas que aplicas para minimizar el riesgo en cada operación.

El propósito principal de este plan es evitar que una serie de decisiones emocionales o mal calculadas pongan en peligro tu cuenta de trading. Un buen plan de gestión del riesgo te proporciona una estructura y disciplina que, a su vez, minimizan la incertidumbre y te ayudan a mantener el enfoque, incluso en momentos de volatilidad extrema.

24.2 Componentes Clave de un Plan de Gestión del Riesgo

Un plan de gestión del riesgo debe incluir una serie de elementos que cubran todos los aspectos relevantes del riesgo que enfrentamos al operar en los mercados. A continuación, desglosamos los componentes clave de dicho plan.

1. Definición del Riesgo Tolerable

Lo primero que debes establecer es cuánto estás dispuesto a arriesgar en cada operación. Generalmente, los traders exitosos no arriesgan más del 1-2% de su capital total en una sola operación. Esta regla asegura que una serie de pérdidas no acabará con tu cuenta y te permitirá seguir operando a largo plazo.

Para definir este porcentaje, es importante considerar tu aversión personal al riesgo y el capital con el que cuentas. Si bien este porcentaje puede variar según tu estilo de trading y tu tolerancia personal, mantener un nivel de riesgo conservador es una de las bases de un buen plan.

2. Cálculo del Tamaño de la Posición

El tamaño de la posición es el número de unidades de un activo que compras o vendes en una operación. Calcular el tamaño correcto de la posición es esencial para mantener un riesgo adecuado. La fórmula para calcular el tamaño de la posición está basada en el capital que estás dispuesto a arriesgar y la distancia entre tu entrada y tu stop-loss.

Por ejemplo, si decides arriesgar un 2% de tu capital en una operación y tu stop-loss está a una distancia de 50 pips, el tamaño de la posición debe ajustarse para que esa pérdida de 50 pips no represente más del 2% de tu capital total.

3. Colocación de Stop-Loss

Un buen plan de gestión del riesgo siempre incluirá el uso de stop-loss para proteger tu capital. El stop-loss es una orden automática que cierra tu posición cuando el precio alcanza un nivel predeterminado en tu contra. De esta manera, puedes limitar tus pérdidas en caso de que el mercado no se mueva a tu favor.

La clave para un buen stop-loss es colocarlo en un nivel que esté justificado por tu análisis técnico y no simplemente basado en un valor arbitrario. Debes tener en cuenta los niveles de soporte y resistencia, así como la volatilidad del mercado, para determinar la ubicación óptima de tu stop.

4. Ratio Riesgo/Beneficio

El ratio riesgo/beneficio es una herramienta esencial para evaluar si una operación vale la pena. Este ratio compara la cantidad de riesgo que estás asumiendo en una operación con el beneficio potencial que esperas obtener. Un ratio de 1:2, por ejemplo, significa que por cada unidad de riesgo, esperas obtener el doble en beneficios.

Establecer un ratio riesgo/beneficio mínimo te ayuda a filtrar operaciones que no tienen una relación adecuada entre riesgo y recompensa. Muchos traders optan por ratios de 1:2 o 1:3 para asegurarse de que las operaciones rentables compensen las pérdidas.

5. Diversificación del Riesgo

Diversificar tus operaciones significa no poner todo tu capital en un solo activo o mercado. Al diversificar, reduces el riesgo de que una mala operación o una mala racha te afecte de manera significativa. La diversificación puede incluir la inversión en diferentes tipos de activos (acciones, divisas, materias primas) o la apertura de posiciones en diferentes marcos de tiempo.

Es importante, sin embargo, no diversificar en exceso, ya que esto podría diluir tu enfoque y hacer que pierdas oportunidades claras en tus operaciones principales.

6. Control Emocional y Disciplina

Las emociones, como mencionamos en el capítulo anterior, pueden ser un obstáculo importante en la gestión del riesgo. Un componente clave de tu plan de gestión del riesgo debe ser la implementación de técnicas y estrategias para mantener la disciplina emocional. Esto incluye el seguimiento riguroso de tus reglas y la capacidad de aceptar pérdidas sin romper tu plan.

La disciplina se refuerza a través de la consistencia. Si te comprometes a seguir tu plan sin importar el resultado de cada operación individual, mejorarás tu capacidad para gestionar tus emociones y mantendrás el control sobre tus decisiones.

24.3 Establecer Objetivos de Rendimiento y Riesgo

Para que un plan de gestión del riesgo sea efectivo, es fundamental que definas claramente tus objetivos de rendimiento y riesgo. Estos objetivos te permitirán medir tu progreso y ajustar tus estrategias a lo largo del tiempo. A continuación, algunos aspectos clave a considerar:

- Rendimiento esperado: Define cuánto esperas ganar en un periodo determinado (por ejemplo, un mes o un trimestre). Estos objetivos deben ser realistas y estar alineados con tus habilidades y capital.

- Riesgo total permitido: Establece un límite de pérdidas que estás dispuesto a aceptar en un periodo. Si alcanzas este límite, deberías detener tus operaciones y revisar tu estrategia.

- Revisión y ajuste: Es importante revisar periódicamente tu plan de gestión del riesgo y ajustar tus objetivos en función de tu evolución y de las condiciones del mercado.

24.4 Monitoreo y Evaluación del Plan

Un plan de gestión del riesgo no es un documento estático, sino un proceso en evolución que debe ser monitoreado y evaluado regularmente. A medida que adquieres más experiencia y cambian las condiciones del mercado, es posible que necesites ajustar ciertos aspectos de tu plan.

- Llevar un diario de trading: Registrar todas tus operaciones, incluyendo la entrada, salida, tamaño de la posición y emociones durante la operación, te

ayudará a evaluar cómo estás siguiendo tu plan y dónde puedes mejorar.

- Análisis de resultados: Revisa periódicamente tus operaciones para identificar patrones de éxito y fracaso. Evalúa si estás cumpliendo con tus ratios riesgo/beneficio, respetando tus stop-loss y ajustando correctamente el tamaño de tus posiciones.

- Ajustes continuos: No dudes en ajustar tu plan de gestión del riesgo si detectas áreas de mejora. A medida que evolucionas como trader, tu plan también debería evolucionar.

24.5 Reflexión Final

Crear un plan de gestión del riesgo es un paso fundamental para alcanzar el éxito en el trading. Este plan no solo protege tu capital, sino que también proporciona un marco para operar de manera disciplinada y controlada, sin dejar que las emociones dominen tus decisiones. A través de la definición clara de objetivos, reglas y procedimientos, puedes convertirte en un trader más consistente y rentable a largo plazo.

La clave para una buena gestión del riesgo es la coherencia. Si sigues tu plan rigurosamente, incluso en los momentos más volátiles, estarás mejor preparado para enfrentar los desafíos que presenta el mercado.

Recuerda, en el trading, sobrevivir a largo plazo es más importante que obtener ganancias rápidas. Un plan de gestión del riesgo sólido es la herramienta que te permitirá hacerlo.

Conclusión: Reflexiones Finales sobre el Éxito en el Trading

A lo largo de este libro hemos recorrido los fundamentos y las estrategias esenciales para desarrollar una carrera exitosa en el trading. Desde el análisis técnico y la ejecución de operaciones hasta la gestión del riesgo, cada concepto discutido tiene como objetivo proporcionar las herramientas necesarias para tomar decisiones informadas y consistentes en los mercados financieros.

El éxito en el trading no es un destino inmediato, sino un proceso continuo de aprendizaje, adaptación y mejora. Este camino no está exento de desafíos; sin embargo, aquellos que sean capaces de mantener la disciplina, gestionar sus emociones y seguir un plan claro, estarán bien posicionados para triunfar en este entorno tan competitivo.

Claves para el Crecimiento Continuo

El trading es una actividad dinámica que requiere actualización constante. Aquí presentamos algunos consejos para mantener el crecimiento constante y mejorar tu enfoque a lo largo del tiempo:

1. Nunca Dejes de Aprender

El mercado está en constante cambio, y las estrategias que funcionan hoy pueden no ser efectivas mañana. Mantente siempre actualizado con las últimas tendencias, herramientas y desarrollos en el ámbito financiero. Libros, seminarios y cursos pueden brindarte nuevas perspectivas y mejorar tus habilidades.

2. Mantén un Diario de Trading

Registrar cada operación, junto con las razones detrás de cada decisión y los resultados obtenidos, es una de las prácticas más efectivas para mejorar. Este hábito te permitirá revisar tus errores, identificar patrones recurrentes y ajustar tu enfoque con datos concretos.

3. La Importancia de la Disciplina

Una estrategia de trading solo es tan buena como la capacidad del trader para seguirla. La disciplina es la clave para mantenerte en el camino, incluso cuando los mercados son volátiles o las emociones están al límite. La consistencia en la aplicación de tu plan es lo que diferencia a los traders exitosos de aquellos que abandonan prematuramente.

4. Gestiona tus Expectativas

Es importante recordar que el éxito en el trading no se mide solo en términos de ganancias rápidas. Evita perseguir resultados inmediatos y mantén una visión a largo plazo. Los traders que logran una carrera duradera son aquellos que gestionan el riesgo de manera efectiva y se enfocan en construir un crecimiento sostenido.

5. Evalúa y Ajusta tu Plan

El trading es un proceso dinámico que requiere ajustes periódicos en función de tu rendimiento y de las condiciones del mercado. No dudes en ajustar tu estrategia y tu plan de gestión del riesgo si descubres que ciertos elementos no están funcionando como esperabas. La flexibilidad y la capacidad de adaptarte a nuevas circunstancias son cruciales.

6. Fomenta la Resiliencia

El trading, al igual que cualquier otra actividad exigente, tiene momentos de altibajos. La resiliencia emocional es una cualidad que te permitirá superar los obstáculos sin perder la motivación. Aprende a aceptar las pérdidas como parte del proceso y sigue adelante con la confianza de que, con disciplina y constancia, lograrás el éxito.

CAPÍTULO 26
TU DIARIO DE TRADING

LLEVAR un diario de trading es una de las prácticas más importantes y a menudo subestimadas por los traders, tanto principiantes como experimentados. Una bitácora operativa no solo te permite llevar un registro de tus operaciones, sino que también te proporciona una poderosa herramienta para aprender de tus éxitos y errores, mejorar tu disciplina, y afinar tu estrategia de trading.

El objetivo principal de un diario de trading es ofrecerte una visión clara y estructurada de tus decisiones, emociones y resultados. Con el tiempo, esta información se convierte en un recurso invaluable para ajustar y perfeccionar tu enfoque en el mercado. Aquí te explicaré cómo estructurar tu bitácora, qué datos incluir y cómo aprovecharla para optimizar tu rendimiento.

1. ¿Por qué es importante llevar un diario de trading?

Llevar un diario te ayuda a ser consciente de tus patrones de comportamiento y tus decisiones de trading. El mercado no solo pone a prueba tu estrategia, sino también tu capacidad para gestionar el riesgo, la paciencia y el control emocional. Un diario te permite reflexionar sobre los aspectos técnicos, psicológicos y emocionales que afectan a cada operación.

Entre las principales ventajas de llevar un diario de trading se encuentran:

• **Identificación de patrones recurrentes**: Al documentar cada operación, podrás detectar patrones en tus decisiones, tanto positivas como negativas.

• **Mejora en la disciplina**: La obligación de documentar cada decisión te fuerza a pensar más detenidamente antes de actuar.

• **Análisis de tus errores**: Tendrás la oportunidad de revisar las operaciones fallidas y entender en qué parte del proceso cometiste un error.

• **Refinamiento de tu estrategia**: A medida que registras más operaciones, puedes comparar los resultados de diferentes enfoques y determinar cuál es el más eficaz para ti.

• **Control emocional**: El diario te permite reflexionar sobre tus emociones durante una operación y analizar cómo influyeron en tus decisiones.

2. Qué incluir en un diario de trading

Para que un diario de trading sea útil, es fundamental ser consistente con la información que anotas. A continuación, te presento una lista de los elementos clave que deberías incluir en tu bitácora:

1 Fecha y Hora: El registro cronológico es esencial. Anota tanto el momento de apertura de la operación como el cierre.

2 Activo Operado: Especifica el instrumento financiero que estás negociando (pares de divisas, acciones, futuros, etc.).

3 Dirección de la Operación: Indica si la operación fue de compra (long) o de venta (short).

4 Precio de Entrada: Registra el nivel de precio en el que abriste la operación.

5 Precio de Salida: Anota el nivel de precio al que decidiste cerrar la operación.

6 Stop-Loss y Take-Profit: Indica los niveles establecidos de stop-loss y take-profit antes de abrir la operación, junto con la lógica detrás de su colocación.

7 Tamaño de la Posición: Especifica el tamaño de la operación (en lotes o unidades del activo).

8 Riesgo/Beneficio Planeado: Calcula el ratio de riesgo/beneficio que estabas buscando al abrir la operación.

9 Resultado de la Operación: Documenta el resultado financiero (ganancia o pérdida) y el porcentaje del capital que se ganó o perdió.

10 Condiciones del Mercado: Describe las condiciones del mercado al momento de abrir la operación, como si había tendencia, consolidación, volatilidad alta o baja, etc.

11 Indicadores Técnicos Utilizados: Detalla los indicadores que te ayudaron a tomar la decisión de abrir la operación (RSI, MACD, medias móviles, etc.).

12 Motivación detrás de la Operación: Explica la razón detrás de tu decisión. ¿Basaste tu entrada en un patrón de precios, una noticia económica o un indicador técnico? ¿Cómo justificaste el momento de la entrada y salida?

13 Resultado Emocional: Describe tus emociones durante la operación. ¿Estabas ansioso, confiado, inseguro o impulsivo? Esta es una de las claves para entender cómo el factor emocional afecta tu rendimiento.

14 Lecciones Aprendidas: Finalmente, reflexiona sobre lo que has aprendido de esa operación. ¿Tomaste una buena decisión? ¿Qué podrías haber hecho mejor?

3. Cómo analizar tu diario de trading

El valor de un diario de trading no está solo en registrar las operaciones, sino en revisar y analizar esos registros de manera sistemática. Aquí te explico cómo aprovechar tu bitácora para mejorar tu rendimiento:

1 Revisión Periódica: Establece un momento para revisar tu diario semanal o mensualmente. Durante este análisis, busca patrones en tus operaciones, tanto en tus éxitos como en tus errores. Pregúntate, ¿hay algún patrón común en las operaciones perdedoras?

¿Tiendes a mantener las operaciones ganadoras por más tiempo o sales demasiado pronto?

2 Evaluación de Estrategias: Utiliza la información de tu bitácora para evaluar la efectividad de las estrategias que has implementado. Si una estrategia ha producido más pérdidas que ganancias, quizás sea hora de ajustarla o probar una nueva.

3 Control de Emociones: Identifica los momentos en los que las emociones te llevaron a tomar decisiones precipitadas. Puede ser el miedo a perder dinero, la codicia de maximizar ganancias o la ansiedad de no quedarte fuera de una oportunidad. Si ves que un patrón emocional está afectando tus decisiones, puedes empezar a implementar estrategias para mitigarlo.

4 Mejora del Ratio Riesgo/Beneficio: Analiza las operaciones para asegurarte de que tu ratio riesgo/beneficio ha sido favorable. Si no lo ha sido, investiga si tus niveles de stop-loss y take-profit están bien definidos.

4. Herramientas y Software para Llevar un Diario de Trading

Existen diversas herramientas tecnológicas que facilitan la creación y mantenimiento de un diario de trading. Aunque muchos traders prefieren el método tradicional de papel y bolígrafo, las siguientes opciones de software pueden ayudarte a automatizar y optimizar el proceso:

1 Microsoft Excel o Google Sheets: Las hojas de cálculo son una opción sencilla y personalizable para llevar tu bitácora. Puedes crear columnas para cada uno de los elementos mencionados y personalizarla según tus necesidades. Además, te permite generar gráficos para visualizar tu progreso.

2 Trading Journal Apps: Existen aplicaciones especializadas como TraderVue, Edgewonk y Tradervue, diseñadas específicamente para ayudar a los traders a llevar un registro detallado de sus operaciones. Estas aplicaciones ofrecen análisis automáticos, gráficos de rendimiento y funcionalidades para facilitar el seguimiento de tus resultados.

3 Plataformas de Trading: Algunas plataformas de trading ofrecen funciones integradas para llevar un diario, que se sincronizan automáticamente con tus operaciones, permitiéndote analizar tus entradas y salidas con precisión.

5. Conclusión: El Diario de Trading como Herramienta para el Éxito

Llevar un diario de trading no es solo una opción, es una necesidad para aquellos que buscan mejorar continuamente en este mundo tan competitivo. La bitácora operativa te permite tomar decisiones basadas en datos y no en emociones, ofreciéndote un marco claro para refinar tu estrategia y aprender de cada experiencia, ya sea exitosa o no.

Con la práctica constante y el uso de un diario de trading bien estructurado, te asegurarás de estar siempre en la senda del aprendizaje y el crecimiento, lo que, con el tiempo, se traducirá en una mejora continua de tus resultados. Así que, empieza a registrar cada operación, a analizar tus emociones y decisiones, y utiliza esta valiosa herramienta para convertirte en un trader más disciplinado, efectivo y exitoso.

EPÍLOGO

REFLEXIÓN FINAL: El Camino hacia la Excelencia en el Trading

A lo largo de este libro, hemos explorado los diversos aspectos que conforman el apasionante mundo del trading. Desde los fundamentos del análisis técnico hasta las complejidades de la gestión del riesgo y el control emocional, cada capítulo ha sido diseñado para proporcionarte las herramientas y conocimientos necesarios para navegar en los mercados financieros con confianza y competencia.

Sin embargo, es fundamental recordar que el conocimiento por sí solo no es suficiente. El verdadero éxito en el trading radica en la **aplicación práctica** de lo aprendido, en la **consistencia** de tus esfuerzos y en tu capacidad para **mejorar continuamente**. El trading es un viaje de aprendizaje permanente, donde cada día ofrece nuevas lecciones y oportunidades para crecer.

El trading es tanto un **arte** como una **ciencia** que evolucionan con el tiempo. Los mercados están en constante cambio, influenciados por factores económicos, políticos y sociales. Por ello, es esencial mantenerse actualizado y adaptable. Cuanto más te comprometas a **aprender**, **practicar** y **mejorar**, más herramientas tendrás a tu disposición para aprovechar las oportunidades que el mercado presenta.

Asegúrate de mantener un **enfoque equilibrado**, donde la lógica y el análisis riguroso guíen tus decisiones, pero sin descuidar la importancia de la intuición y la experiencia que se adquieren con el tiempo. **Gestionar tus riesgos adecuadamente** es crucial para proteger tu capital y asegurar tu supervivencia en el mercado a largo plazo. La **disciplina** para seguir tu plan de trading y la **paciencia** para esperar las mejores oportunidades son virtudes que debes cultivar constantemente.

Es importante también **disfrutar del proceso**. El trading puede ser desafiante y, a veces, estresante, pero también es una actividad que ofrece grandes satisfacciones a quienes se dedican a ella con pasión y dedicación. Cada operación, ya sea exitosa o no, es una oportunidad para aprender y mejorar. Al adoptar una mentalidad de crecimiento, verás los desafíos como escalones hacia tu desarrollo profesional y personal.

Recuerda: el éxito en el trading no se trata de ganar cada operación, sino de **mantener una trayectoria positiva a largo plazo**, basada en una sólida comprensión del mercado, una gestión del riesgo eficiente y la disciplina necesaria para ejecutar tu plan de manera consistente. Las pérdidas son parte inevitable del camino, pero con una estrategia bien definida y una actitud resiliente, podrás superarlas y seguir avanzando.

Además, no subestimes la importancia de la **comunidad**. Conectar con otros traders, compartir experiencias y aprender de diferentes perspectivas puede enriquecer enormemente tu comprensión y ayudarte a evitar errores comunes. El trading no tiene por qué ser un camino solitario; construir relaciones con otros profesionales puede ofrecerte apoyo y motivación adicionales.

Finalmente, te animo a que mantengas la **humildad** y la **ética profesional** en tu práctica. Reconocer que siempre hay más por aprender y actuar con integridad te ganará el respeto de tus colegas y te permitirá construir una carrera sostenible y gratificante.

. . .

¡Buena suerte en tu viaje como trader! Que tus esfuerzos se traduzcan en una carrera próspera, llena de aprendizajes continuos y logros significativos. Mantén la curiosidad, la determinación y el entusiasmo, y recuerda que el verdadero éxito se construye día a día, operación tras operación.

Si en algún momento encuentras desafíos, vuelve a las bases, revisa tu plan y ajusta lo necesario. El mercado siempre estará ahí, ofreciendo nuevas oportunidades para aquellos que estén preparados y dispuestos a aprovecharlas.

¡Te deseo el mayor de los éxitos en esta apasionante aventura!

BIBLIOGRAFÍA

1. **Murphy, John J.** *Technical Analysis of the Financial Markets: A Comprehensive Guide to Trading Methods and Applications.* New York Institute of Finance, 1999.
   - Este clásico ofrece una guía detallada sobre el análisis técnico, cubriendo desde gráficos hasta herramientas avanzadas.

2. **Schwager, Jack D.** *Market Wizards: Interviews with Top Traders.* HarperBusiness, 1993.
   - Una colección de entrevistas con algunos de los traders más exitosos, proporcionando ideas sobre sus estrategias y filosofías de trading.

3. **Douglas, Mark.** *Trading in the Zone: Master the Market with Confidence, Discipline, and a Winning Attitude.* Prentice Hall Press, 2000.
   - Un excelente libro sobre la psicología del trading y cómo desarrollar una mentalidad adecuada para enfrentar el mercado.

4. **Elder, Alexander.** *Trading for a Living: Psychology, Trading Tactics, Money Management.* Wiley, 1993.
   - Elder cubre los fundamentos del análisis técnico, la gestión del riesgo y el control emocional para traders.

5. **Tharp, Van K.** *Trade Your Way to Financial Freedom.* McGraw-Hill, 1998.
   - Este libro pone un fuerte énfasis en el desarrollo de sistemas de trading personalizados y la gestión del riesgo, proporcionando una visión clara de cómo ser consistente.

6. **Williams, Larry.** *Long-Term Secrets to Short-Term Trading.* Wiley, 1999.
   - Larry Williams comparte sus estrategias para aprovechar las oportunidades en el trading a corto plazo, con un enfoque técnico y práctico.

7. **Nison, Steve.** *Japanese Candlestick Charting Techniques: A Contemporary Guide to the Ancient Investment Techniques of the Far East.* Prentice Hall Press, 1991.
   - Un libro indispensable para entender las velas japonesas y cómo pueden ser usadas en el análisis técnico para predecir movimientos de precios.

8. **Cohen, Abraham.** *The Market Whisperer: A New Approach to Stock Trading.* CreateSpace Independent Publishing, 2014.
   - Un enfoque práctico que se centra en la acción del precio y el manejo de emociones en los mercados financieros.

9. **Pring, Martin J.** *Technical Analysis Explained: The Successful Investor's Guide to Spotting Investment Trends and Turning Points.* McGraw-Hill, 2002.
- Un manual integral sobre el análisis técnico con herramientas avanzadas para identificar y aprovechar tendencias en los mercados financieros.

10. **Kiev, Ari.** *The Mental Strategies of Top Traders: The Psychological Determinants of Trading Success.* Wiley, 2009.
- Un libro que explora cómo los traders exitosos gestionan la presión emocional y los desafíos mentales que enfrentan en el mercado.

11. **Taleb, Nassim Nicholas.** *Antifrágil: Las cosas que se benefician del desorden.* Paidós, 2013.
- En este libro, Taleb explora cómo ciertos sistemas y estrategias, incluidas algunas aplicables al trading, no solo resisten el caos, sino que prosperan en la incertidumbre.

12. **Taleb, Nassim Nicholas.** *El Cisne Negro: El impacto de lo altamente improbable.* Paidós, 2007.
- Este libro describe cómo los eventos impredecibles, denominados "cisnes negros", pueden tener un impacto devastador en los mercados financieros, subrayando la importancia de la gestión del riesgo.